羅爾斯

John B. Rawls

應奇／著

編輯委員：李英明　孟樊　陳學明

龍協濤　楊大春

出版緣起

　　二十世紀尤其是戰後，是西方思想界豐富多變的時期，標誌人類文明的進化發展，其對於我們應該具有相當程度的啓蒙作用；抓住當代西方思想的演變脈絡以及核心內容，應該是昂揚我們當代意識的重要工作。孟樊兄和浙江杭州大學楊大春副教授基於這樣的一種體認，決定企劃一套「當代大師系列」。

　　從八〇年代以來，台灣知識界相當努力地引介「近代」和「現代」的思想家，對於知識份子和一般民衆起了相當程度的啓蒙作用。

　　這套「當代大師系列」的企劃以及落實

出版，承繼了先前知識界的努力基礎，希望
能藉這一系列的入門性介紹書，再掀起知識
啓蒙的熱潮。

　　孟樊兄與楊大春敎授在一股知識熱忱的
驅動下，花了不少時間，熱忱謹愼地挑選當
代思想家，排列了出版的先後順序，並且很
快獲得揚智文化事業公司葉忠賢先生的支
持；因而能夠順利出版此系列叢書。

　　本系列叢書的作者網羅有兩岸學者專家
以及海內外華人，爲華人學界的合作樹立了
典範。

　　此一系列書的企劃編輯原則如下：

　　1.每書字數大約在七、八萬字左右，對
　　　每位思想家的思想進行有系統、分章
　　　節的評介。字數的限定主要是因爲這
　　　套書是介紹性質的書，而且爲了讓讀
　　　者能方便攜帶閱讀，提昇我們社會的
　　　閱讀氣氛水準。

　　2.這套書名爲「當代大師系列」，其中

所謂「大師」是指開創一代學派或具
有承先啓後歷史意涵的思想家，以及
思想理論具有相當獨特性且自成一格
者。對於這些思想家的理論思想介
紹，除了要符合其内在邏輯機制之
外，更要透過我們的文字語言，化解
語言和思考模式的隔閡，爲我們的意
識結構注入新的因素。

3. 這套書之所以限定在「當代」重要的
思想家，主要是從八〇年代以來，台
灣知識界已對近現代的思想家，如韋
伯、尼采和馬克思等先後都有專書討
論。而在限定「當代」範疇的同時，
我們基本上是先挑台灣未做過的或做
的不是很完整的思想家，作爲我們優
先撰稿出版的對象。

另外，本系列書的企劃編輯群，除了包
括上述的孟樊先生、楊大春教授外，尚包括
筆者本人、陳學明教授和龍協濤教授等五位

先生。其中孟樊先生向來對文化學術有相當
熱忱的關懷，並且具有非常豐富的文化出版
經驗以及學術功力，著有《台灣文學輕批
評》（揚智文化公司出版）、《當代台灣新
詩理論》（揚智文化公司出版）、《大法官
會議研究》等著作；楊大春敎授是浙江杭州
大學哲學博士，目前任敎於杭大，專長西方
當代哲學，著有《解構理論》（揚智文化公
司出版）、《德希達》（生智文化事業出
版）、《後結構主義》（揚智文化公司出
版）等書；筆者本人目前任敎於政大東亞
所，著有《馬克思社會衝突論》、《晚期馬
克思主義》（揚智文化公司出版）、《中國
大陸學》（揚智文化公司出版）、《中共研
究方法論》（揚智文化公司出版）等書；陳
學明是復旦大學哲學系敎授、中國國外馬克
思主義研究會副會長，著有《現代資本主義
的命運》、《哈貝馬斯「晚期資本主義論」
述評》、《性革命》（揚智文化公司出
版）、《新左派》（揚智文化公司出版）等

書；龍協濤教授現任北大學報編審及主任，
並任北大中文系教授，專長比較文學及接受
美學理論。

這套書的問世最重要的還是因為獲得生
智文化事業公司總經理葉忠賢先生的支持，
我們非常感謝他對思想啓蒙工作所作出的貢
獻。還望社會各界惠予批評指正。

李英明

序於台北

自序

　　黑格爾（G. W. F. Hegel）曾經在某處說，要從事哲學，沒有比講述亞里斯多德（Aristotle）更好的途徑了。仿此語式，我們似乎可以說，要瞭解當代政治哲學，沒有比研習羅爾斯（J. Rawls）更好的途徑了。

　　自一九八八年讀到《正義論》（*A Theory of Justice*, 1971）的第一個中譯本至今已整整十年過去了。其間雖曾數度重「啃」這一「標準的精神食糧」，但一直未曾寫過關於此一論題的文字。一九九○至一九九三年瀘上求學時節，由於我的導師范明生教授是最早譯介羅爾斯的中國大陸學者，我亦曾想以「羅爾斯與康德（I. Kant）」

爲題寫作碩士論文，後因故未果。這次有機
會得償夙願，也算是對我的「羅爾斯情結」
的某種慰藉。爲此，我應感謝孟樊先生和楊
大春兄促成這一段文字因緣的盛情。

　　要說明的是，國際上有關羅爾斯研究的
文獻汗牛充棟，我所能找到並閱讀的只是其
中很小一部分。但我希望這本小書提供的整
體架構和對羅爾斯思想發展的內在脈絡的刻
劃，能引起希望瞭解當代政治哲學的總體態
勢的讀者的興趣。

應奇

一九九八年六月三十日於杭州

目　錄

導言

以撒・柏林（Isaish Berlin）在一九六
一年寫道：「二十世紀沒有出現政治哲學方
面的權威著作」①。從現象上看，這種情況似
乎僅僅是政治哲學家們創造力衰竭的某種表
徵，却在更深的層次上引發了關於西方政治
和政治文化總危機的爭論，以至在本世紀
五、六〇年代，西方學術界有人發出了政治
理論已經衰落和政治哲學已經死亡的驚呼，
只是由於本世紀中葉西方先進國家比較廣泛
的政治和意識形態方面的共識，才使得這種
現象不是那麼令人怵目驚心。

一九七一年，羅爾斯《正義論》的發表
打破了政治哲學萬馬齊喑的局面，政治哲學
在經歷了政治理論史研究（本世紀上半葉）
和行為主義政治學（本世紀中葉）的衝擊後
恢復了尊嚴，進入了以羅爾斯為中心的新的
發展階段，迎來了繼古希臘城邦政治學和近
代社會契約論這兩個經典政治哲學創造性時
期後的第三個高峰時期。羅爾斯本人也由此
進入了二十世紀最為重要的政治哲學家的行

列，與帕森斯（T. Parsons）和杭廷頓（S. P. Huntington）一起構成了所謂新自由主義陣營的鐵三角。

約翰・博德利・羅爾斯（John Boardley Rawls）一九二一年二月二十一日出生於美國東部馬里蘭州的巴爾的摩，他的少年時代在家鄉度過，一九三九年他畢業於巴爾的摩的肯特學校，隨後進入普林斯頓大學深造，並於一九四三年獲碩士學位，在軍隊服役三年後，一九五〇年重返母校並以〈倫理學知識基礎研究〉（"A Study of the Ground of Ethical Knowledge"）一文獲哲學博士學位。一九五〇至一九五二年擔任普林斯頓大學講師，後又曾在康乃爾大學和麻省理工學院任教，一九六二年轉到哈佛大學任哲學教授，並一度擔任哲學系主任之職。自一九七六年起，任哈佛大學約翰・考爾斯講座教授，有「哲學祭酒」之美譽。羅爾斯並曾於一九七〇至一九七二年任美國政治哲學及法哲學聯合會主席，一九七四年任美國哲學聯

合會東部分會主席，他還是美國藝術科學院
院士。

　　作爲一個有世界聲譽的哲學家，羅爾斯
的著作並不算多，但在學術界影響甚大。早
在五〇年代中期，羅爾斯就開始集中精力研
究社會正義問題，圍繞這一主題發表的如
〈作爲公平的正義〉（"Justice as Fair-
ness", 1957-1967）、〈憲法的自由和正義
觀〉（"Constitutional Liberty and the
Conception of Justice", 1963）、〈正義
感〉（"The Sense of Justice", 1963）、
〈公民不服從〉（"Civil Disobedience",
1966）和〈分配的正義〉（"Distributive
Justice", 1967-1968）等論文就已經引起學
術界的廣泛重視。在此基礎上，窮二十年之
功，三易其稿才完成的長達六百多頁的皇皇
大著《正義論》的問世更是在國際學術界產
生了巨大迴響。迄今爲止，《正義論》已經
有不下十種不同文字的譯本，其影響波及除
哲學、政治學、倫理學之外的法學、經濟學、

心理學、社會學、教育學、宗教、公共管理、
公共政策、公共福利、環境管理和犯罪學等
廣泛的領域。國際上有關羅爾斯的評論、研
究文獻更是汗牛充棟,以至於有人將《正義
論》的問世所帶來的政治哲學和倫理學的繁
榮戲稱爲「羅爾斯產業」(Rawls's Indus-
try)。

　　人們一致公認,《正義論》是第二次世
界大戰後倫理學、政治哲學領域中最重要的
著作,甚至被認爲將列入經典之林,是「標
準的精神食糧」。本世紀最重要的法理學家
之一,牛津大學的哈特(H. L. A. Hart)教
授承認,在他讀過的所有政治哲學經典著作
中,沒有一本像羅爾斯的《正義論》那樣深
深地激盪著他的思想。美國社會學和文化保
守主義思想的泰斗貝爾(D. Bell)稱譽羅
爾斯爲「二十世紀的洛克」,認爲《正義
論》將決定本世紀後期的發展,就如同洛克
(J. Locke)和亞當‧斯密(Adam Smith)
的理論決定了十九世紀歐美社會的進程一

樣。羅爾斯的同事，也是他最強有力的論敵
之一，羅伯‧諾錫克（Robert Nozick）甚至
把《正義論》譽爲自約翰‧斯圖亞特‧彌勒
（John Stuart Mill）的著作以來所僅見的
一部有力的、深刻的、精巧的、論述寬廣和
系統的政治與道德哲學著作，他認爲，後
《正義論》時期的政治理論家們必須要嘛在
羅爾斯的框架內工作，要嘛解釋不這樣做的
理由。

　　要理解羅爾斯這部里程碑式的著作爲何
標誌著規範政治理論的復興以及《正義論》
在當代政治哲學中的地位，必須來審視一下
二十世紀的政治理論在《正義論》發表以前
的情形。

　　《布萊克維爾政治學百科全書》（*The
Blackwell Encyclopedia of Political Sci-
ence*）將政治理論規定爲系統地反映政府的
性質和目的的學說，它既涉及對現存政治制
度的認識，又涉及到有關如何改變這些制度
的觀點，它的問題可以包括是否應該有國家

和政府，其目的和功能是什麼，應該如何組織，國家和政府及公民之間有怎樣的權利和義務關係等等。十分明顯，這樣理解的政治理論和西方文明一樣古老 ②。同樣明顯的是，政治理論應當包括可欲（desirable）和可行（feasible）兩方面的研究。

隨著現代科學的興起，知識領域發生了很大的變化，自從現代經驗論的鼻祖，英國哲學家大衛・休謨（David Hume）在「是」（to be）和「應當」（ought to be）之間作出清晰的區分以來，其間的鴻溝愈來愈被人們認為是不可逾越的或難以填平的。現代經驗論追隨休謨，對經驗性陳述（其正誤取決於對具體個案的觀察和分析）、形式的陳述（諸如數學命題，其正誤取決於構成術語本身的涵義）和評價性陳述（諸如各種道德命令，這種陳述一般來說從何種意義上講均無正誤之分，而且亦不受經驗性或形式上的陳述的影響）進行區分，如果這些區分被人們接受，那麼科學就會被認為是一門涉及經

驗性陳述的學科，而哲學則被認爲是一門純粹涉及形式上的陳述的學科。既然政治理論包含可欲原則，即涉及評價、應當和價值，那麼它就既不能等同於科學，又不能等同於哲學。從這個意義上說，本世紀上半葉，至少在英語世界所形成的政治理論的危機，其學理上的原因恐怕要到現代經驗論中去尋找。

學科的分化使得政治理論中可欲的和可行的兩個原則的距離愈來愈遠了。經濟學家和政治學家以把自己稱作科學家而自豪，而按照現代經驗論的預設，他們關心的是事實領域而非價值領域，這也就意味著他們根本不關心可欲性問題。另一方面，哲學家們則堅持他們的學科是分析的或先驗的，這也就意味著哲學可以根本不關心可行性問題，因爲可行性涉及到經驗的探索，而所謂分析的或先驗的學科則只將他們的注意力集中於抽象的和形式的邏輯分析方面。學科的分化意味著不再有一門學科可以聲稱它能同時研究

可欲性問題和可行性問題了。

就與可行性相分離，單獨地探索可欲性
問題的哲學而言，本世紀上半葉英語世界流
行的語言分析哲學在倡導所謂後設倫理學
（metaethics）的基礎上亦將政治哲學變成
了對與可欲性判斷相關的概念的分析，或者
對我們關於價值和可欲性的經驗的分析。因
此，占據政治哲學領域的是大量的對於功
利、自由、平等這些概念的瑣碎分析，就如
同後設倫理學沉迷於對何謂善、何謂正當的
分析一樣。

就與可欲性相分離的可行性問題的探索
而言，福利經濟學從探索透過市場制度的效
益最大化的可行性，降低到滿足所謂「帕累
托標準」（Pareto Criterion）的制度的可
行性。在政治學中，可行性問題也不再有任
何突出的位置。一方面是政治理論史的研究
代替了政治理論的研究，另一方面是行為主
義政治學完全放棄了傳統政治理論對可欲性
的訴求。這就使政治理論與它的偉大傳統失

掉了連續性，有許多人聲稱是馬基維利
（Machiavelli）、霍布斯（Hobbes）、盧梭
（Rousseau）、孟德斯鳩（Motesquien）和
彌勒的學生，但不再有人試圖去做這些人曾
經做過的事情了。羅爾斯自己就曾感嘆，
「政治哲學──政治科學和道德哲學──相
對來講已經荒蕪了很長一個時期。」③

　　但值得注意的是，即使在英美世界，本
世紀上半葉的社會政治哲學也並非一無可
為。一九四五年，卡爾・波普（Karl Pop-
per）發表了名噪一時的《開放社會及其敵
人》一書；進入六〇年代，奧地利學派的思
想大師海耶克（F. A. Hayek）和以撒・柏
林分別發表了《自由憲章》和《自由四論》
兩本大著，昭示了政治理論復興的某種跡
象。但是，缺少的是一部能夠總結所有這些
發展的巨著，尤其是沒有人能夠系統地運用
倫理學的原則，建立與倫理學、道德哲學相
融貫的政治哲學體系。這在很大程度上仍然
是由於後設倫理學的形式主義傾向的重大影

響。但是，隨著後實證主義時代的來臨，對倫理學和政治哲學的實質性和系統性的要求得到了重視，時代也在呼喚將可行性和可欲性原則相結合，既能總結以前的道德哲學和政治哲學的遺產，又能直接面對時代問題的巨著，在這種期待和呼聲之中，羅爾斯的《正義論》應運而生了。

註釋

①I. Berlin: "Does Political Theory Still Exists?"
引自J. A. Gould和V. V. Thursby所編《現代政
治思想》，商務印書館，1985，p.406。

②參見《布萊克維爾政治學百科全書》，「政治理
論」條目，中國政法大學出版社，1992。

③J. Rawls: "For the Record", interviewed by R.
Aybar , Joshua D. Harlan and Won. J. Lee, in
The Harvard Review of Philosophy, Spring
1991, p.42.

第一章
羅爾斯與傳統

著名的美籍華裔學者，曾在哈佛與羅爾斯共事的王浩敎授認爲羅爾斯之所以取得如此重大的成就，一個根本原因就在於他深深地紮根於西方的思想文化傳統之中。①深入地看，羅爾斯所置身於其中的是西方特有的一種理性主義的政治文化傳統。當然，理性主義的恰切內涵是一個聚訟未已的話題，羅爾斯所面對的政治文化傳統也不是鐵板一塊。一個眞正有成就的思想家的根本特徵旣不是脫離傳統去盲目地創新，也不是一味地去復興這種傳統或那種傳統，而應當是直接面對時代的境遇，在創造性的傳統中賦予傳統以新的意義，使它獲得前所未有的詮釋力量。

羅爾斯對他的《正義論》所擔當的理論使命有十分淸醒的自我意識。在《正義論》的前言中，羅爾斯即明言，他的意圖是要建立一個新的理論體系，以取代在政治哲學和道德哲學中占支配地位的功利主義 (utili-tarianism)，從而爲民主社會奠定「最合適

的道德基礎」。

「在現代道德哲學的許多理論中，占優
勢的一直是某種形式的功利主義，出現這種
現象的一個原因是，功利主義一直得到一大
批才華橫溢的著作家們的支持，他們建立了
一個無論在廣度或深度方面都真正令人難忘
的思想體系。我們不要忘記，那些偉大的功
利主義者，像休謨、亞當・斯密、邊沁（J.
Bentham）和彌勒這些偉大的功利主義者
都是第一流的社會理論家和經濟學家；他們
確定的道德理論旨在滿足他們更寬廣的興趣
和適應一種內容廣泛的體系。而那些批評他
們的人則常常站在一種狹窄得多的立場上。
他們指出了功利原則的模糊性，注意到了它
所包含的觀念和我們的道德情感的明顯的不
一致。但我相信，他們並沒有能建立一個有
效和系統的觀念來反對功利主義」。②

羅爾斯注意到，在分析哲學影響下，後
設倫理學的直覺主義並不能提供足以與功利
主義抗衡的力量。直覺主義意識到作為社會

倫理原則的功利主義在付諸實行時，有侵犯
個人權利的弊病，與某些人們直覺到的正義
觀不符。但「直覺主義只是半個正義觀」，
它無法提供系統有序的正義原則與功利主義
對抗。

在羅爾斯看來，先前的哲學家們所犯的
一個錯誤就是在功利主義和直覺主義之間作
非此即彼的選擇，而沒有考慮到第三種可能
性。羅爾斯認為，透過重新解釋在近代政治
哲學中曾經顯赫一時而後來又逐漸衰落下去
的社會契約論，可以為我們找到這第三條道
路。

「我一直試圖做的就是要進一步概括洛
克、盧梭和康德所代表的傳統的社會契約理
論，使之上升到更高的抽象水準。藉此，我
希望能把這種理論發展到能禁受住那些常常
被認為對它是致命的明顯攻擊。而且，這一
理論看來提供了一種對正義的系統解釋，這
種解釋在我看來不僅可以替換，而且或許還
優於占支配地位的傳統的功利主義的解

釋」。③

　　因此，只有將《正義論》放到其歷史背景即羅爾斯所面對的傳統中，才能深入理解其理論立場和基本意圖。事實上，無論是在對正義觀念的一般性說明還是在對正義論的精巧、複雜的證明中，羅爾斯都始終沒有忘記對功利主義和直覺主義進行批判，始終關注如何從傳統的社會契約論的歷史形態中剝離其合理的內核，從而為「作為公平的正義」提供詮證。

一、古典功利主義及其缺陷

　　功利主義是根據對人們的幸福的影響來直接或間接地評價行為、政策、決定和選擇的正當的一種倫理傳統名稱，就嚴格的、古典的功利主義而論，它是與邊沁、彌勒和西季維克（H. Sidgwick）等人的名字聯繫在

一起的。自從邊沁和彌勒時代以來，它在政
治哲學和道德哲學傳統中一直占據著羅爾斯
所說的中心地位。

　　邊沁認為，旨在促進幸福的行為是正當
的，旨在產生與幸福對立結果的行為是錯誤
的。幸福可以理解為快樂，不幸福可以理解
為痛苦或快樂的缺乏，量度或評價快樂及痛
苦的方法是一種增進快樂的計算，如依其強
度、持久性和類似性，這種計算使得快樂和
痛苦的單元或價值能夠得到分配和概括。這
種計算具有個體中立性，能夠應用於不同的
人的不同快樂，它也是十分敏感的，能夠捕
捉到不同人的不同程度的快樂。因此，透過
對不同人受行為影響所產生的不同快樂及痛
苦的單元或價值的總滙，正當性就可以得到
確定，如果一種行為產生的快樂其淨值大於
痛苦，那麼這種行為就是正當的。總體性的
目標是使快樂達到最大值，也就是說，為這
些受影響的集體創造快樂超過痛苦的最大
值。邊沁的功利主義思想的宗旨最好不過地

表達在「最大多數人的最大幸福」這一有名
的格言中。

被稱作英國功利主義敎子的彌勒接受了
邊沁的一般性立場，包括其享樂主義以及認
爲我們的行爲動機完全在於快樂及痛苦的觀
點。但是彌勒試圖將快樂的質量和數量區別
開來，因爲道德並不是一個量的概念，而是
有其內在的質的規定性的，「做一個不滿足
的人要比做一個滿足的豬好，做一個不滿足
的蘇格拉底要比做一個滿足的傻瓜好。如果
傻瓜和豬不同意的話，那是因爲他們只知道
問題的一個方面，而蘇格拉底或人却知道問
題的全部」。④但是，彌勒理論的困難在於，
人們並不淸楚快樂的質和量之間的差別是否
能夠得到證明，以及這種差別是否適用於這
樣一種計算，即它能使快樂獲得單元和價
值，同時可以進行快樂的槪括和人際比較。

羅爾斯明確聲言，在闡明作爲公平的正
義和功利主義之間的對照時，他所指的功利
主義是一種古典的理論，那就是邊沁和西季

維克的觀點。羅爾斯認為這種所謂嚴格的古典的功利主義在西季維克那裡得到了最清楚、最容易理解的概述。

西季維克的《倫理學方法》被認為也許是貫通了兩個世紀的道德哲學研究的唯一著作，它對於以往主要的道德哲學體系作了經典的研究，尤其是對於上一世紀在英美社會影響極大的由邊沁和彌勒建立的古典功利主義觀點作了最系統、最清晰、也許迄今仍然是最好的闡述。

西季維克主張，倫理學必須涉及人們在兩個行為過程之間進行抉擇時所運用的推理，倫理學研究就是試圖把這些推理統統納入一個首尾一貫的體系。在《倫理學方法》一書中，他分別考察了到那時為止的三種不同的倫理學方法，即利己主義、直覺主義和功利主義。利己的享樂主義主張人應該追求自己的快樂，它是倫理學的一種自然方法，其主要不足是很難衡量和評價快樂；正義和義務倫理學運用先天的方法，即將直覺或直

接認知看作發現義務的方式，但循此很難找
到不需要限制和不允許例外的道德原則。

　　相對於邊沁式的功利主義，西季維克的
一個主要貢獻在於他真正經典地把功利主義
闡述為區別於私人快樂主義的普遍快樂主
義。邊沁式的功利主義一方面被批評為是對
個人自私的慎思活動的理論表達，另一方面
也被批評為對人的行為提出了過高的要求。
針對「最大多數人的最大幸福」的口號，西
季維克明確指出，「按照最有利於普遍幸福
的方式去行動始終是個人的真正利益」這一
命題是錯誤的，在他看來，功利主義的理論
依據不在於人們具有基本的自愛衝動這一事
實，而在於對幸福這一合理目的的追求，在
反思中將引導人承認，應當合理地把這一目
的理解為普遍幸福。

　　儘管西季維克的著作包含了許多與蘇格
拉底的對話相似的不確定性，也有人認為西
季維克實際上綜合了功利主義和直覺主義，
但很顯然，西季維克仍然堅持功利主義的基

本原則。按照羅爾斯的概括，西季維克的理論要旨是，如果一個社會的主要制度被安排得能夠達到總計所有屬於它的個人而形成的滿足的最大淨餘額，那麼這個社會就是被正確地組織的，因而也是正義的。

我們看到，羅爾斯對功利主義的認識和評價是經歷了一個過程的。五〇年代初，羅爾斯在哲學研究方法上深受後設倫理學的影響，儘管在其實質觀點上接近於直覺主義，但在方法上不滿意於直覺主義而傾向於功利主義的單純明晰。因此，其立場是一種混合了直覺主義和功利主義的立場。這是因為羅爾斯在當時還沒有找到一種方法來結合功利主義和直覺主義的各自優勢而同時又能避免它們的缺陷。

在一九五七年發表的〈作為公平的正義〉這第一篇討論社會正義的文章時，羅爾斯指出，功利主義倫理學不可能恰當地說明公平這個最基本的正義概念。因為功利主義的最終標準是較大的總功利，這就是導致它

對正義的基礎做了錯誤的解釋，舉例來說，
一個人在用功利主義解釋爲什麼奴隸制是錯
誤時，可能會說這是因爲奴隸主得到的好處
不如奴隸遭受的不幸運，這種解釋顯然是荒
謬的。

　　羅爾斯認爲，正義不等於公平，但正義
的要義是公平，必須從公平的角度觀察正
義，這就要求我們強調某種規則必須是人們
事先可能同意的，而社會契約論恰恰表達了
這一要求。

　　要特別加以注意的是，羅爾斯社會正義
理論所討論的對象始終是制度的而非個人的
行動。但在五十年代，羅爾斯把自己的工作
局限於分析正義的概念，而沒有提出一種系
統的正義理論，這其中一個重要原因是他還
沒有明確提出正義論應用的對象是社會基本
結構這一重要觀念。

　　在一九六七年發表的〈分配的正義〉
（"Distributive Justice"）一文中，羅爾斯
進一步批評了功利主義，他指責功利主義只

關心最大利益總量的獲得而不關心怎樣在個人中分配這些利益，功利原則也不能保證公民的平等自由和基本權利。而社會契約論恰恰透過假定正義原則來自原初平等狀態中的自由和獨立的人們之間達成的一種協議，因而反映了作為訂約者的理性人的完整性和同等尊嚴。

如同前面已經指出的，《正義論》的目標是要建立一種新的理論體系，以取代在政治哲學和道德哲學中占支配地位的功利主義，如果說，在發表《正義論》之前，羅爾斯對功利主義的批判還不是十分系統完整的，那麼，《正義論》則對於西季維克為代表的古典功利主義進行了全面的批判研究，這種批判甚至成了西季維克重新引起人們廣泛關注的一個重要原因。

對西季維克與功利主義的批判幾乎遍佈《正義論》全書。總的說來，這種批判可分為原則性的和技術性的兩個層面。⑤

從技術性的角度來看，羅爾斯的批判又

可分為兩方面，即西季維克的反思方法和功利主義方法。關於反思方法，羅爾斯高度重視西季維克所提出的「反思的平衡」(reflective eguilibrium) 這一道德哲學的基本方法。其核心觀念是，道德哲學的方法是對我們的常識道德判斷和已建立的道德理論作反思的平衡，而不是僅僅進行道德概念的分析和演繹，這就要求用理論修正常識判斷中的虛假不實之處，再以修正了的判斷修正道德理論從而得出最合乎我們的道德感的理論。然而，羅爾斯認為西季維克實際上忽視了這一過程的雙向性，也就是說，西季維克僅僅是用功利主義原則修正常識判斷，而沒有認真地考慮用常識判斷修正功利主義。

關於功利主義方法，羅爾斯認為，只要西季維克不放棄功利主義的基本原則，就仍然會面臨人際比較的技術困難。因為「值得欲求的」性質最後還是要以快樂感來衡量，而且，當不同種類的，擁有不同等的量度、強度與持久性的快樂感相互衝突時，我們並

沒有一個客觀的仲裁尺度。另外，當西季維克用個人在不同時刻的幸福構成其整體幸福的觀念類推不同個人的幸福構成普遍幸福的觀念時，他就暗示了在功利主義發展史上的「公平觀察者」（impartial spectator）的地位和對同情的強調，這個觀察者將所有人的欲望和快樂體驗融為一體。很顯然，公平觀察者的形象是一種非人格性的形象，其標準是一種非人格性的標準。因此，「古典的功利主義在某種意義上沒有在人們之間做出認真的區分」。⑥

　　從原則性的層面來看，首先，羅爾斯認為功利主義依據著一個錯誤的觀念，即如果一個社會的主要制度被安排得能夠達到社會成員的最大滿足，這個社會就是組織良好的，因而是正義的。因此，如果少數人犧牲其利益能增加滿足的總額，這種犧牲就是正當的。羅爾斯指出，功利主義是透過對個人與社會的類比來達到這一結論。既然一個人能非常恰當地行動，為了長遠的利益而犧牲

自己眼前的較少利益，那麼爲什麼一個社會
就不能按照同樣的原則去行動，並因此把那
種對一個人是合理的行動看作對聯合體也是
正當的呢？正像個人的原則是要儘可能地推
進他自己的福利，社會的原則也是要儘可能
地推進群體的福利；正像一個人是根據現在
和未來的損失來衡量現在和未來的利益一
樣，一個社會也可以如此地在不同的個人之
間衡量滿足和不滿足。透過這樣的思考，一
個人就可以自然地達到功利原則，即將一個
社會的選擇原則視作個人的選擇原則的擴
大。但是，一個社會能像一個人有權處置自
己的利益那樣處置所有不同個人的利益嗎？

　　在羅爾斯看來，功利主義倫理觀提出了
一種過於嚴格，而且不合理的倫理要求，因
爲它一方面要求超出自然義務的善行，另一
方面又允許爲了另一些已經更幸運的人的更
大幸福而給一部分人以較少的福利和自由。
因此，功利主義雖然也常常表示要尊重那些
有關不侵犯他人權利的正義原則，尊重在人

們中間普遍流行的這種正義直覺，但只是把
它們看作社會交往中「有用的幻象」，只是
把它們看作次要的調節規則而置於功利原則
的支配之下。與之相對照，羅爾斯認為，合
理地組織社會制度的首要要求是正義，「正
義是社會制度的首要德性……每個人都擁有
一種基於正義的不可侵犯性，這種不可侵犯
性即使以社會整體利益之名也不能逾越。」
⑦

　　羅爾斯從原則性層面對功利主義的第二
方面的批判是從區分倫理學的兩個主要概念
即「正當」（right）和「善」（good）開
始的。一種倫理學理論的結構大致是由怎樣
定義和聯繫這兩個基本概念來決定的。作為
一種目的論理論，功利主義首先把善定義為
獨立於正當的東西，然後再把正當定義為增
加善的東西。是正當優先於善，還是善優先
於正當，就成了「公平的正義」與功利主義
最深刻的爭論之點。對功利主義來說，由於
快樂被說成唯一的善，因此，對於這種快樂

的承認和排列，就不需要根據正當或任何類似的標準了。此外，功利主義的一個突出特徵是它直接涉及一個人怎樣在不同的時間裡分配他的滿足，但不關心滿足的總量怎樣在個人之間進行分配。與之相對，「公平的正義」是一種義務論的理論，一種不脫離正當來定義善，至少是不用最大量地增加善來解釋正當的理論。換句話說，在「公平的正義」中，正當的概念是優先於善的概念的，「一個正義的社會體系確定了一個範圍，個人必須在這一範圍內確定他們的目標。它還提供了一個權利、機會和滿足手段的結構，人們可以在這一結構中利用所提供的東西來公平地追求他們的目標。正義的優先部分體現在這樣一個主張中：即那些需要違反正義才能獲得的利益本身毫無價值」。⑧

二、直覺主義與優先問題

羅爾斯對功利主義的批判可以看出，功利主義作為社會倫理原則實行時，若將其自身邏輯貫徹到底，必然會嚴重侵犯個人權利，與人們直覺到的某些正義原則不符。造成這種情況的根本原因還是由於功利主義從行為的效果來判斷其倫理屬性，並把善的性質歸結為功利，這也正是直覺主義對功利主義進行批判的一個要點。

直覺主義涉及和依賴某種關於倫理判斷的意義和本質的理論。直覺主義同意倫理術語代表事物的性質，倫理判斷僅僅是將這些性質歸結於事物的陳述。但直覺主義否認「善」和「正當」這些詞的性質能夠用非倫理的術語來定義。

分析哲學後設倫理學的創始人摩爾（G.

E. Moore）同時亦是直覺主義的重要代表
人物。摩爾認爲，倫理學的首要任務是確定
「善」意指什麼。他的主要論點是，當
「善」意指「善」本身的時候，即意指哲學
家通常稱之爲內在善的時候，它是簡單的，
不可定義和不可分析的。或者說，「善」這
一概念的簡單性決定了我們不可能用任何其
他的自然或非自然的東西去規定它。

在摩爾看來，歷史上許多倫理學混淆了
善性質和善事物，並以自然性事實或超自然
的實在來規定善，犯下了所謂「自然主義謬
誤」（naturalistic fallacy），如進化論倫
理學以自然進化來定義善，快樂主義倫理學
以感覺快樂、享受來定義善。

摩爾贊同西季維克對邊沁主義的批判，
認爲西季維克正確地指出了邊沁的功利主義
欲把公共幸福當作道德上的善，其錯誤在於
混淆了目的善（因自身緣故而值得存在）和
手段善（有助於對善的追求）之間的界限。
在摩爾看來，對「什麼是善」這一倫理學根

本問題的回答，是不能付諸於行動的，而只能訴諸於對善本身的自明性直觀。這樣，「摩爾便從形式主義或非自然主義出發，把真正的倫理科學當成了一門純粹的知識科學，使『善』一類的概念分析成為了倫理學研究的基本內容，以所謂自明性的直觀方法取代了傳統的經驗歸納或演繹方法，從而使倫理學由一種規範性的實踐科學變成了純理論性的後設倫理學」。

　　直覺主義的集大成者，英國倫理學家羅斯（W. D. Ross）認為摩爾對傳統享樂主義和功利主義的批判是有意義的，但摩爾只片面地強調善的不可定義性，而當涉及到正當、義務、責任這類概念時却犯了與功利主義相同的錯誤。羅斯批駁了摩爾「正當只是產生最大量的善」的觀點。某些行為，如守約的正當性並不完全依賴於這類行為所產生的善，把正當作為從屬於善的非自明的間接的範疇來考慮一樣犯了傳統功利主義的通病。

　　羅爾斯肯定了直覺主義對功利主義的批判的正確性。事實上，對邊沁式功利主義的批判從西季維克那裡已經開始了，後者透過論證功利原則必須以正義原則來補充而在他的倫理學中引進了一定的直覺主義的因素。羅爾斯也認為，「我們確實不能認為我們對社會正義的判斷全部是從可認識的倫理學原則獲得的。」⑨

　　在羅爾斯看來，直覺主義理論有這樣兩個特徵，首先，它們是由一批「最初原則」構成的。這些最初原則可能是衝突的，在某些情況下給出相反的指示；其次，直覺主義不包括任何可以組織那些原則的明確方法和更優先的規則，我們只能靠直覺，靠那種在我們看來是最接近正確的東西來決定和衡量。

　　但是，直覺主義本身是一種折衷的不徹底的理論，直覺主義者相信道德事實的複雜性抗拒著我們充分解釋我們的判斷的努力，使一批相互衝突的原則成為必然。直覺主義

特別認為，對於各種衝突的正義原則的衡
量，不可能給予任何建設性的解答，這樣，
直覺主義就不可能提供與功利主義相抗衡的
方法論和理論基礎。固然，一個倫理理論不
能和人們關於善和惡這類基本觀念的直覺相
對立，但是直覺所告訴人們的不是一個倫理
原則，而是眾多的原則。直覺主義由於缺乏
優先性的標準而不能去確定哪些原則是基本
的，哪些原則是從屬的，從而不能將這些原
則排列在一個有序的系統之中，「直覺主義
的正義觀只是半個正義觀」。⑩

羅爾斯認為，任何正義觀無疑都要在某
種程度上依賴直覺，但是，我們應當儘可能
地減少直接訴諸我們所考慮的判斷。「對原
則的衡量是正義觀的一個基本的而不是次要
的部分」，⑪我們應該儘可能地概括運用於
優先問題的明確原則，即使不能完全排除對
直覺的依賴。

在羅爾斯看來，直覺的作用要受到幾方
面的限制。首先，正義原則是那些將在原初

狀態中被選擇的原則，它們是一種確定的選擇狀態的結果。作為這種原初狀態中的理性人，他們認識到應當考慮這些原則的優先性。由於人們在社會中處於各種不同的地位，他們不可能認為他們對優先問題的直覺判斷是完全一樣的。而透過強調正義的作用和最初選擇狀態的特徵，優先問題可以較容易地把握。

　　其次，羅爾斯建議把正義的原則放入一種詞典式的序列（lexical order）中去。所謂「詞典式序列」，是一種要求我們在轉到第二個原則之前必須充分滿足第一個原則的序列，在滿足第二個原則後才可以考慮第三個原則，如此類推。例如，羅爾斯透過把平等的、自由的原則排在調節經濟和社會不平等的原則之前來顯示這樣一種序列。這就意味著社會基本結構要以優先的原則所要求的平等的、自由的方式來安排財富和權力的不平等，而如果讓功利原則成為優先的，它就會使所有隨後的標準成為多餘的。

最後，對直覺的依賴可以透過提出更為限定的問題和用合理考慮的判斷代替道德判斷而減少。「在作為公平的正義中，對直覺的訴諸集中表現在兩個方面，首先我們從社會體系中挑選出一種可用來判斷社會體系的確定狀態，然後，我們從處在這一狀態中的一個代表人的立場，探討選取某種社會基本結構是否合理的問題」。⑫羅爾斯認為，透過提出這樣一個大大限制了的問題，對直覺的依賴就要少得多了。當然，強調優先問題只是要減少而不是完全排除對直覺的依賴，這樣做的實際目的還是要達到一種可以合理依靠的一致判斷，以提供一種共同的正義觀。

在羅爾斯看來，能夠在這樣的意義上限制直覺的作用，並透過對作為公平的正義的論證提供一種共同的正義觀的方法正是社會契約論。

三、社會契約論與兩種自由
　　傳統

　　《正義論》作爲規範政治理論復興的重要標誌，一個顯著特徵是羅爾斯在對正義原則的論證中恢復了社會契約論這種支配了啓蒙運動的政治思想模式。在契約論很有影響的批評家黑格爾逝世後的一百年裡，一方面是功利主義，另一方面是主要源於黑格爾自己並在馬克思主義中獲得最有力體現的關於國家的歷史理論，都使社會契約論黯然失色。社會契約論在當代的再生，主要應歸功於羅爾斯。事實上，由於契約論及其命運在西方政治文化傳統中的深刻影響，羅爾斯正義論的契約論特徵反過來亦成爲它廣受矚目的一個重要原因。

　　早在第一篇討論社會正義問題的文章〈作爲公平的正義〉中，羅爾斯就談到他受

到了可追溯至古希臘智者派的契約論思想的啓發。那時，羅爾斯認爲他自己的理論與先前的理論有三點區別。第一是不涉及一般的人的動機理論，即不涉及一般的人性理論，而只是作爲一種推測的哲學解釋來分析正義的概念；第二是比先前的契約論更抽象，各方不是要建立任何特殊社會或政體，而是要共同接受可用於共同實踐的某些道德原則……正義原則；第三是非現實、非歷史的特徵，既然不是想提供一種對事實的解釋，自然也就避開了對它的虛僞、不眞實的責難。我們不妨先從這三個方面來觀察一下傳統社會契約論的發展。

一般來說，社會契約論的中心內容是反對天然（包括神授）的政治權威，論證政府是自由的具有道德的人自願同意的人爲產物的理論。這種理論雖然在古代和封建思想中即顯露端倪，它的黃金時代還是在一六五〇至一八〇〇年期間，以霍布斯的《利維坦》肇端，而以康德的《法的形而上學原理》告

終。

　　傳統社會契約論的一個基本理論前提即
是其人性假設。霍布斯依據聯想主義心理
學，從個人追求自我滿足的角度來闡述原始
契約。霍布斯認爲，自私和貪婪是人的本性，
自然狀態是人對人、是狼的相互戰爭的狀
態。從人爲了滿足安全的需求，即爲了自保
的角度看，統治和服從是唯一能以政治方式
把本是分開的原子式個人轉變爲一個整體並
存在下去的力量。相對於霍布斯的極端利己
主義立場，洛克認爲人有互助互利的天性，
相應地，自然狀態則是一種自由、平等、相
互合作的親善狀態，其所以是一種完備無缺
的自由狀態，是由於人們在自然法的範圍之
內，按照他們認爲合適的方法，決定他們的
行動和處理他們的財產，而毋須得到任何人
的許可或聽命於任何人的意志；其所以是平
等的狀態，是因爲在這種狀態中，一切權力
和管轄權都是相互的，沒有一個人享有多於
別人的權力，不存在從屬或受制關係。自然

状态的缺点只不过是不方便，即缺少一种明
文规定的法律，以作为普遍同意的是非标准
和解决人们之间一切纠纷的共同尺度；缺少
一个有权按照既定的法律来解决一切争执的
知名的和公正的裁判者；缺少权力、实力来
支持正确的判决，使它得到应有的执行。

　　与洛克本质上的利己主义立场不同，社
会契约论的另一位重要代表卢梭认为人的价
值在於他有道德的本性，而这种道德本性的
本质就是感情。只有善良愿望才具有绝对的
价值。就如同洛克描绘的自然状态比霍布斯
的描述要光明得多，卢梭的自然状态又比洛
克的自然状态光明得多。卢梭认为人在自然
状态中的生活是纯樸、单纯的，人与人之间
是平等的，并有一种自然的同情即天生的仁
爱之情。

　　罗尔斯既不赞同霍布斯把自然状态描绘
成人对人、是狼的相互战争的状态，也不认
为自私自利就是人的天性；罗尔斯也不像卢
梭那样相信人天性仁爱为他。罗尔斯假定，

處於正義環境中的各方對別人的利益是不感興趣的，即相互冷淡的（mutually disinterested）。這就是說，處於正義環境中的各方，一方面不是仁愛、無私的利他主義者，總是去考慮照顧別人的願望和滿足別人的「善」的觀念，如果這樣，正義問題就不會出現了。另一方面，他們又不是追求個人特殊利益的利己主義者，如果這樣，就無法達成普遍同意的正義原則。

羅爾斯以原初狀態（original position）的設計改造了傳統社會契約論的自然狀態學說，提出正義的環境、無知之幕（veil of ingorance）及正義環境中的主體各方的假設條件（如相互冷淡），都是為了更好地澄清正義原則的前提和出發點。在正義的環境方面，羅爾斯特別強調客觀環境方面的中等匱乏和主觀環境中的相互冷淡條件，認為只要相互冷淡中的各方對中等匱乏條件下社會利益的劃分提出了相互衝突的要求，正義的環境的條件就算滿足了。在原初狀態中設

計的無知之幕的目的在於體現公平，只有在
公平的條件和程序下，結果才能是公平的。
在這裡，羅爾斯求助於他假定的一個未經證
明的前提，即在選擇有關社會基本結構的正
義原則時，任何人都不應當由於其天賦條件
或社會背景而得益，而要使所選擇的原則成
為公平合理、普遍同意的，就不能允許以個
人的特殊情形來裁剪原則，不能允許特殊的
愛好興趣及個人的價值觀影響到對原則的選
擇；而這只有透過限制人們對自己的特殊情
況和利益的知識來達到。總體來看，羅爾斯
認為，他的相互冷淡和無知之幕的假定要勝
過傳統的仁愛和知識的假定。

　　如果說傳統的社會契約論所要達到的目
標是建立某種特殊社會或政體，那麼羅爾斯
所要求於作為一種證明方法的契約論的目標
則要抽象得多，正如羅爾斯本人反覆說明
的，正義論的目標是提供適合於社會基本結
構的正義原則。所謂社會基本結構是指主要
的社會體制分配基本權利和義務以及確定社

會合作所產生的利益分配的方式。之所以要
把社會基本結構作爲正義的主要問題和對
象，是因爲社會基本結構對人們的影響廣泛
深遠並從一開始就存在，它決定著人們的生
活前景，決定著人們的最初機會和出發點。
在一九七七年發表的〈作爲正義的主題的基
本結構〉（"The Basic Structure as Sub-
ject"）中，羅爾斯進一步說明了爲什麼應當
把基本結構看作正義的主題，羅爾斯認爲，
一旦我們把參與訂立社會契約的各方設想爲
自由、平等的有理性的人，那麼從契約論的
觀點，把社會基本結構看作正義的主題就是
自然而然的了。

　　凡此都關涉到羅爾斯對社會契約論的根
本性質的理解。一般來說可以有兩條尋求道
德原則、正義原則的途徑。一條是循經驗的
感性的途徑，從人所處環境，從歷史（包括
人性的某一方面）去尋找理由；另一條則是
循理性的途徑尋求道德原則和正義原則的根
據。⑬顯然，社會契約論所蘊涵的理性主義精

神表明它遵循的是第二條道路。事實上，它所提出的道德原則、正義原則也難於循經驗去證明。很難找到歷史材料證明社會和國家是由其成員締結契約而產生的。但在傳統社會契約論範圍內，在康德之前，對這一點的認識是不夠清楚的，這也是它遭致詬病的一個主要原因。

在歷史法學派將社會契約看作一種非歷史的虛構並試圖反駁和否定盧梭時，在休謨對獨斷論尤其是契約論邏輯發動猛烈的批判時，傳統社會契約論的最後一個偉大的代表人物康德通盤地考慮了人的理性能力，在他宏偉的道德形而上學的體系中，嚴格地區分了正義和事實的界限，廓清了契約論傳統中的迷霧，並從法哲學的角度提高了契約論的論證水準。⑭

在康德看來，「人民根據一項法規，把自己組成一個國家，這項法規叫做原始契約。這麼稱呼它之所以合適，僅僅是因為它能提出一種觀念，透過此觀念可以使組織這

個國家的程序合法化，可以易爲人們所理解」⑮。「可是這一契約作爲人民中所有的個別私人意志的結合而成爲一個共同的和公共的意志，却絕不可認爲就是一項事實……它的確是純理性的一項純觀念。」⑯但康德認爲，這種理性的觀念的現實性却是不可否認的，即是說，它要求每個立法者的立法須從全體人民的聯合意志中產生出來，並使每一個願望成爲公民的臣民都彷彿他已然同意了這樣一種意志那樣，因爲這是每一種公開的法律之合權利性的試金石。

　　羅爾斯指出，康德思想中最核心的東西是強調道德的基礎是自由、平等、有理性的人的自律，而自律的概念又是與對道德主體和道德原則的本質的理解聯繫在一起的。羅爾斯抓住這一點作了進一步闡發，這使得羅爾斯對作爲公平的正義的詮證具有強烈的康德色彩，這一點羅爾斯自己也是直言不諱的。

　　羅爾斯認爲，人由於具有近似的對基本

善（basic good）的期望而有一種滿足其需要的權利，並從而有一種在設計制度安排時平等地得到考慮和尊重的權利。進一步，人作為道德主體，又能夠對他的終極目標負責；另一方面，道德人格是一種在一定階段上能夠得到實現的潛在性。一旦拋棄康德倫理學的先驗主義形式，這種自由、平等、有理性的人的概念就恰當地表達了我們的直覺判斷中的一個根本之點。

在羅爾斯看來，在把公平的正義的兩個原則視作是在那些最合理的條件下被選擇之時，這些合理的條件可以表達在「原初狀態」的概念之中。這樣，康德關於目的王國的理想中所蘊涵的普遍法則就成為了原初狀態中的候選對象。而中等匱乏的環境和無知之幕排除了人們選擇其他原則的可能性。因為公平的正義的兩個原則最適合他們作為目的王國中的自由、平等、有理性的成員的本性。於是，羅爾斯精心設計的原初狀態概念，就成了對康德的絕對命令表現自由、平等、

有理性的人的本性這一觀念的形象化說明，
如羅爾斯所宣稱的，「可以把原初狀態看作
是對康德的自律觀念和絕對命令的一種程序
性解釋。」⑰

　　羅爾斯學說的康德色彩是非常引人矚目
的。事實上，羅爾斯自覺地把正義即公平的
理論與康德和盧梭所代表的契約論傳統的重
要論點聯繫起來。值得注意的是，羅爾斯的
正義論對社會契約論的繼承並不僅表現在契
約論作為一種證明方法方面，而且有沿著康
德的道路將洛克和盧梭所代表的社會契約論
中包含的兩種自由傳統加以綜合的傾向。

　　羅爾斯認為，康德的主要目的是要深化
盧梭的思想，並證明這種思想是正確的。但
是，盧梭的社會政治哲學由於對財產權在社
會中的地位並無明確的想法以及從公意的高
度理想性出發而否認界定權力的範圍的意
義，從而忽略了古典自由主義的財產權和權
力制衡這兩大教義，從而遭致後世英美自由
主義的詬病。但康德在實踐理性的堅實地基

上建構的道德形而上學却巧妙地將盧梭和洛克結合在一起，一方面從意志自律的角度，肯定並進一步深化了盧梭的思想，另一方面在其政治哲學中吸收了古典自由主義的基本思想，將貢斯當（B. Constant）所謂古代的自由和近代的自由，以撒・柏林所謂積極的自由和消極的自由結合了起來。毫無疑問，這一點也引起羅爾斯的強烈共鳴。⑱

　　在一九九三年推出的新著《政治自由主義》（*Political Liberalism*）開篇，羅爾斯即聲言，公平的正義理論試圖在過去二百多年自由民主思想的兩種相互衝突的傳統中作出裁定，他所說的這兩種相互衝突的傳統簡言之即是洛克的傳統和盧梭的傳統。羅爾斯指出，提出正義的兩個原則，即是要對基本制度安排自由和平等這兩項價值的方式提供指導原則⑲。可以說，不管羅爾斯在借助康德論證其政治觀方面發生了什麼樣的變化，試圖綜合社會契約論中的兩種自由傳統這一抱負是貫串在羅爾斯的整個工作之中的。

註釋

①參見申彤：〈我所認識的王浩先生〉，載《讀
書》，1995，第十期。

②羅爾斯：《正義論》，何懷宏等譯，中國社會科學
出版社，1988。譯文參照原版有改動。

③同上。

④J. S.穆勒：《功利主義》，唐鉞譯，商務印書館，
1962，p. 10。

⑤參見廖申白為《倫理學方法》中譯本所寫的譯序，
中國社會科學出版社，1993。

⑥同註②。

⑦同上。

⑧同上。

⑨同註②。

⑩同上。

⑪同上。

⑫同上。

⑬參見何懷宏：《契約倫理與社會正義》，中國人民

　　大學出版社，1993，p.96。

⑭拙作〈康德政治哲學的歷史價值與時代影響〉，載

　　《上海社會科學院學術季刊》，1995，第二期。

⑮康德：《法的形而上學原理》，商務印書館，1991，

　　p.143。

⑯康德：《歷史理性批判文集》，商務印書館，1990，

　　p.190。

⑰同註②。

⑱同註⑮。

⑲羅爾斯：《政治自由主義》，紐約，1993，pp.4-5。

第二章
正義論

羅爾斯的目標是要確立適用於良序社會的基本結構的正義原則。要解決這個問題，並不能靠追問什麼樣的原則不但是可欲的，而且是可行的；而是要追問，就建立一種既可欲又可行的制度安排而言，什麼樣的原則是我們會從一種無偏私的立場（an impartial standpoint）加以選擇的。《正義論》就是用來回答這個問題的。

《正義論》由三個部分組成，在第一部分即〈理論篇〉中，羅爾斯從原初狀態中的人們可能會選擇的策略和對原則的最終選擇的一般理由的角度，論證了正義的兩個原則是怎樣得到的。第二部分即〈制度篇〉，考察了正義論在現實的社會制度的一系列問題上的應用。第三部分即〈目的篇〉，從社會穩定和道德哲學、心理學的角度繼續為正義的兩個原則進行辯護。

一、選擇的策略

　　面對選擇正義原則的任務，原初狀態中的各方有一個特殊的困難，那就是，所給定可能的原則之數量是無限的，原初狀態中的人們將怎樣決定哪個原則是合適的？羅爾斯採用了兩個辦法來使得這種選擇更具可操作性。首先是把傳統的正義觀和他所贊成的正義觀都列舉出來，「我假定把這批正義觀提到各方面前，並要求人們一致認為，在列舉的正義觀中，有一種正義觀是最好的。」①然後羅爾斯就要為一種他認為在原初狀態中普遍的不確定條件下，人們用作選擇的特定策略加以辯護。

　　羅爾斯所列舉的正義觀分為五大類。第一類即正義的兩個原則（正義即公平），是羅爾斯所支持的；第二類即混合的正義觀，

是保護自由的原則和功利主義原則的某種混
合物；第三類是古典的目的論正義觀，如古
典的功利原則；第四類是直覺的正義觀，它
要求對某些相互矛盾的初步原則，如總功利
和平等分配、平均功利和補救原則，進行某
種平衡；第五類是利己主義的正義觀，比如
人人要為我的利益服務的唯我獨尊的利己主
義。

　　雖然羅爾斯明確地認為傳統理論的排列
足以證明這樣的排列是正確的，但事實上，
「自利的觀點究竟有多大價值」這一點並不
清楚，它根本就很少被稱為原則，所以羅爾
斯很快便表明自利的觀點不會被原初狀態的
各方當作一種可行的選擇，因為正當觀念的
形式約束預先排除了它作為正義觀的可能
性。不惟如是，在原初狀態中的各方面挑選
正當的觀念之前，其他的各種可能選擇也要
加以排除。

　　應該說，羅爾斯提供的備選項是非常嚴
格的。比如，他沒有用自由主義來命名除了

「正義即公平」和「自利」觀點外的其他三
種正義觀。當然，在羅爾斯討論自然的自由
體系時，對自由主義進行了頗有哲學意義的
考察。總之，我們可以說，羅爾斯的契約論
方法，已經在社會契約產生的合理的審愼之
前，預先排除了許多的正義觀。

　　這樣，問題就變成：在原初狀態中的各
方是如何決定哪個或哪組原則是要加以選擇
的？或者換句話說，因爲什麼理由，他們將
會選擇「正義即公平」的兩個原則。爲了揭
示原初狀態中的各方的推理，羅爾斯認爲把
正義的兩個原則看作是對社會正義問題的最
大的最小值（maximin）解決法是一種有用
的直接推斷法。如果原初狀態中的各方在不
確定的條件下採納最大的最小值策略，那麼
正義的兩個原則將會被選擇。

　　按照羅爾斯的說法，最大的最小值規則
要求我們按照儘可能壞的結果來安排選擇辦
法；我們應該採用這樣一種辦法，這種辦法
的最壞結果優於其他各種辦法的最壞結果。

顯然，這種策略對那些持保守或悲觀見解的
人是有吸引力的。在羅爾斯看來，「如果對
原初狀態的說明使各方可以合理地採取這一
規則所表達的保守態度，那麼實際上就可以
爲這兩個原則提出一種決定性的依據。」②
事實上，原初狀態中的各方選擇社會設計的
原則，就好像他們在社會中的地位是被他們
最壞的敵人所決定的。這當然並不是說原初
狀態中的各方事實上就假定他們在社會中的
位置是由某個心懷惡意的敵人決定的，因爲
據羅爾斯的看法，他們是不會從虛假的前提
開始推理的。但從某種意義上說，採納最大
的最小值規則是和採納這樣一種假定相類似
的。

　　問題是爲什麼人們應該採納這樣一種保
守策略？在考察羅爾斯的回答之前，我們可
以先來看一下其他可能的選擇。

　　第一種在不確知情況下可選擇的策略是
所謂「最大的最大值」，它要求依據最大可
能的產出來對可選擇的方案加以排列，有哪

一種方案其最大可能的產出比任何其他方案
的最大可能產出要好，就採納那一種方案。
如果「最大的最小值」是悲觀主義者的策
略，那麼「最大的最大值」則是不可救藥的
樂觀主義者的策略。

　　第二種可選擇的策略就是人們平常所說
的「可期望的功利最大化」，它要求將備選
項在對可能所得的估計的基礎上進行排列。
如果一個備選方案的每一種可能所得相加超
過另一個備選項的可能所得相加，那麼我們
就應該採納前一個備選項。「可期望的功利
最大化」的策略既非悲觀主義亦非樂觀主
義，毋寧說是一個理性的賭徒的態度。

　　羅爾斯對第一個方案的駁斥看來是有意
義的而且是令人信服的。「最大的最大值」
策略是高度冒險的、失敗的可能性也是巨大
的。它要求我們一旦有機會就在每一件事情
上進行冒險，不管這機會多麼遙遠，我們都
將押上賭注碰運氣。原初狀態中的人運用這
種選擇規則，將會選擇「保證有一人獨裁」

的正義原則，只要他本人有機會成爲獨裁者
而他人則是奴隸。「最大的最大值」策略不
是一種理智的策略，羅爾斯對它的駁斥看來
是無可爭議的。

羅爾斯同樣反對第二種策略，他認爲有
三個理由使我們必須反對尋求「可期望的所
得最大化」的賭徒式策略。

首先，羅爾斯認爲在原初狀態這樣的情
形下，對可能的程度的知識是不可能的，或
者至少是不可靠的。人們也必然對機率計算
持懷疑態度，除非這個決定是一種必須向別
人證明其正確的根本決定。③比如，當原初
狀態中的一個人能夠估計他作爲貴族社會、
自由民主社會或者由哲學家獨裁的社會上層
階級的一員的所得，但在厚重的「無知之
幕」（veil of ignorance）的籠罩下，他將
沒有辦法得知他屬於這其中哪一個社會中的
哪一個等級的客觀可能性。那種機率是由隱
藏在「無知之幕」背後的他的人格特徵決定
的。

其次，羅爾斯認為「最大的最小值」策略優於賭徒策略的理由在於，在原初狀態中作選擇的人抱有這樣一種關於善的觀念，即他對於自己的所得可以超出最低薪俸這一點幾乎毫不關心，而他只要遵循最大的最小值規則，他事實上肯定能得到高於最低限度的薪俸，他不值得為了更多的好處去冒險，尤其是在事情最終可能證明他將因這種冒險失去很多對他來說是重要的東西時更是如此。④簡單地說，原初狀態中的具體條件，使得訂立契約的人樂於接受在最大的最小值規則下的最壞結果，並傾向於去盡力求得更多所得，這必然使原初狀態中的各方成為保守策略的選擇者。

第三個支持最大的最小值規則的理由在於，被否定的選擇具有人們幾乎難以忍受的結果，因為它們有巨大的風險。例如，非最大的最小值的策略將會誘使人們選擇貴族制作為我們所贊成的社會模式，儘管這意味著──如果最壞的命運降臨到我們頭上，我們

自己就是社會最低層的奴隸，而這將是不可
忍受的。因此我們將會避開導致這種結果的
策略。

　　應該說，後兩個理由對於支持最大的最
小值規則是有其內在的說服力的，但要注意
到這種理由也只有在給定了原初狀態的特殊
性質的條件下才能得到堅持，正是這種特殊
性質才使得最大的最小值這一獨特規則變得
似乎有理；這一規則會要求原初狀態中的人
們採取某種未經證明的保守的或悲觀的立
場。

　　然而，如果在日常生活的每種不確定條
件下都運用這種規則，將會導致荒謬的結
論。例如，假定我們驅車去郊遊，最可能的
結果是我們會有一個美好的假日，而其最壞
的結果是我們不幸死於車禍；而待在家中的
最可能結果是我們將度過一段平靜的時光，
其最壞的結果是一位無聊的客人造訪，我們
將要忍受和他的談話。因為耳膜受到打擾要
勝過死亡，最大的最小值規則將會告訴我們

寧願忍受這位客人的打擾也不要去冒死於車
禍的風險。顯然，這是違反人們的直觀的。
任何有意義的選擇規則，應能告訴我們去冒
很少的危險而贏得合理的利益。如果最大的
最小值規則不能做到這一點，我們為什麼還
要承認它是一個選擇規則呢？

　　羅爾斯自己也意識到了這一點。他曾經
表示，最大的最小值規則事實上僅僅適用於
某些大規模的選擇問題。因此，它在微小的
選擇狀態下的缺陷與此是不相干的。

　　應當注意到，羅爾斯強調的重點是反對
在原初狀態中用作選擇的合適原則必然是我
們日常生活中最經常地加以運用的原則，而
不管這種選擇是大規模的還是小規模的。原
初狀態是一種非常獨特的狀況，其設計是用
來保證不管被選擇的是什麼，它必須是被公
平地選擇的。正因為是用這種方式設計出來
的，羅爾斯的主張實際上就變成，對原初狀
態的規定使它成了一種可以應用最大的最小
值規則的情境。

值得重視的是，如果最大的最小值最後不能被證明爲原初狀態中的成員選擇的策略，這並不必然意味著羅爾斯承認別的原則而非他所贊成的正義兩原則將被契約論者所選擇。正義兩原則仍將是被選擇的合適的原則，只不過不再是由最大的最小值規則提供所以合適的理由了。

二、正義兩原則

透過對選擇策略的詳盡考察，羅爾斯認爲在原初狀態中的各方將會選擇承諾「正義即公平」的正義兩原則。羅爾斯對正義兩原則的表述在不同地方稍有差別，按照他在《正義論》第四十六節中的最終表述，正義的兩個原則是這樣的：⑤

第一原則：每個人對與所有人所擁有的最廣泛平等的基本自由體系相容的類似自由

體系，都應有一種平等的權利（即最大平等自由原則）。

第二原則：社會和經濟的不平等應這樣安排，使它們：

(1)在與正義的儲存原則（just savings principles）相一致的情況下，適合於最少受惠者的最大利益（即差異原則）。

(2)在機會公平平等的條件下，職務和地位向所有人開放（即機會均等原則）。

羅爾斯還認為，兩個正義原則應以詞典式次序（lexical order）排列，這意味著在它們之間是有優先性的次序的。事實上，羅爾斯規定了兩個優先規則來分別表明兩個原則中的不同要素的重要性。第一個優先規則規定了自由的優先性，「自由只能為了自由的緣故而被限制」。在求助於第二個原則之前，第一個原則必須得到滿足。這又有兩種

情況，一是一種不夠廣泛的自由必須加強由
所有人分享的完整自由體系，二是一種不夠
平等的自由必須可以為那些擁有較少自由的
公民所接受。

　　第二個優先規則規定了正義對於效率和
福利的優先性。這首先意味著，第二個原則
作為整體以一種詞典式次序優先於效率原則
和最大限度地追求利益總額的原則。其次在
第二原則中，公平平等的機會優先於差別原
則，這又有兩種情況，一是一種機會的不平
等必須擴展那些機會較少者的機會；二是一
種過高的儲存率必須最終減輕承受這一重負
的人們的負擔。

　　羅爾斯對蘊涵在被優先規則所支配的正
義的兩個原則中的一般觀念的表述是這樣
的：⑥

　　　　所有的社會基本善……自由和機
　　會、收入和財富及自尊的基礎……應被
　　平等地分配，除非對一些或所有社會基

本善的一種不平等分配有利於最不利

者。

為什麼這種正義觀會被選擇？羅爾斯提
出了兩個理由。一是經過在原初狀態中的批
判的比較考察，功利主義、利己主義、至善
論以及其他的一些觀念將會被拒斥，而正義
即公平保留了下來；二是正義即公平本身有
一些正面的、積極的優點。現在讓我們依次
考察一下這兩個理由。

羅爾斯堅持認為，正義即公平之所以會
在原初狀態中被選擇，其原因在於最大的最
小值策略表明它比其他備選方案更為可取，
比如，差別原則關注處境最差者的福利，保
證他們儘可能過好的日子，並且不冒損失自
由的危險。而自由原則的詞典式優先保證社
會中處境最差者也不能被剝奪重要的自由
權。這樣，正義即公平將會保證使得在該社
會中的地位最低者的處境要勝過處於由其他
的備選方案組織的社會中的相應地位的人。

例如，追求功利最大化的功利主義就會有可能使一些人過著很差的日子。如果奴隸是追求總功利或平均功利最大化所要求的，功利主義從原則上將允許它存在。因此，功利主義會被原初狀態中運用最大的最小值規則的各方所排除。

羅爾斯認爲還有一些正面的理由可用來支持正義的兩個原則，這就是說，正義即公平本身有積極的優點使正義的兩個原則成爲唯一眞正具有可行性的建議。

首先，給定道德心理的一般事實，採納正義即公平的原則將會使原初狀態中的各方能夠確信他們的承諾不是徒勞的。因爲他們所夠彼此指望嚴格遵守所採用的原則，這一原則不會導致他們不能接受的後果，他們也不會去締結可能產生他們不能接受的後果的協議。因此也就不會有爲了別人的較大利益而要他們接受較少的自由的危險。事實上，人們要懷疑究竟有無可能眞心誠意地達成這樣的協議，而贊成正義即公平的各方之所以

能達成那樣的協議，是因為他們能夠並且知道自己能夠遵守這樣的協議。功利主義原則就不具備這樣的優點，因為功利主義要求我們去做或者寬恕我們自己從心理上接受不了的事情。用羅爾斯的話來說，功利主義「這種協議超過了人性的接受能力」。⑦

其次，正義即公平之所以被贊同還因為它是能夠自我支持並因而獲得穩定的正義觀。它所支持的制度是這樣的系統，在其中，每個人的利益（good）都得到肯定，每個人的自由都得到保障，而差別原則則保證每個人從社會合作中獲益。「因此我們可以用人們總是喜愛、珍視和贊同任何確認自己的利益的東西這種心理規律來說明人們是怎樣接受社會制度及其實現的原則的。由於每個人的利益都得到了確認，所有的人也就獲得了服從這種安排的意願。」⑧而功利主義就做不到這一點，因為它要求更多地承認他人的利益，因而要求人們有更大的願望為他人的利益作出犧牲。人類道德心理的事實使得這

一點難以做到。正義即公平不依賴於這樣難以達到的人性假定，因而是更爲穩定的正義觀。

第三，在羅爾斯看來，正義觀合意的一個特徵就是能夠公開表明人們的相互尊重，這樣就能使每個人獲得自我價值意識，而正義的兩個原則實現了這一目標，「如果社會遵循這些原則，每個人的利益就都被納入一種互利的安排，而在體制中公開承認每個人的努力則鼓勵了自尊。」⑨這種對於每個人的自尊的支持反過來又會增強社會合作的效能，從而促進穩定，這就提供了對於正義的兩個原則的強有力的支持。而功利主義由於無法保證每個人的自尊，就不會獲得穩定和支持。

值得注意的是，在《正義論》的第二十六節，羅爾斯還以直覺上更有吸引力的方法提供了對正義的兩個原則的支持。

在羅爾斯看來，普遍的正義即公平觀要求所有的社會基本善都必須平等分配，除非

某種不平等的分配可能是符合每個人的利益
的。從隨意挑出的一個人的觀點來看，他無
法爲自己獲取特殊的有利條件，另一方面他
也沒有理由默認特殊的不利條件。因此，他
將會同意普遍的正義即公平觀的要求，他沒
有理由指望在社會善的分配中得到大於平均
數的一份，也沒有理由得到少於平均數的一
份。因此，對希望建立正義原則的各方來說，
明智的辦法就是承認規定平等分配是正義的
首要原則。具體地說，不但對收入和財富確
立平等的分配，而且也對所有人確立包括機
會平等的平等自由權。

　　但是，人們也許會指出，承認這一點並
不等於什麼問題都得到解決了。如果基本結
構中的某種不平等使每個人的境況與初始平
等的基點水準相比有了改善，爲什麼不允許
這種不平等呢？比如，如果這種不平等成了
各種各樣的刺激因素，成功地誘發了富於成
果的努力，而初始狀態中的人們就可以把它
們看作是彌補訓練費用和鼓勵做出實績所必

需的東西，這樣就要求我們對最初看上去頗
有吸引力的平均主義觀點進行調整。羅爾斯
建議，「爲了使控制不平等的原則發揮決定
性作用，人們應以地位最不利的有代表性的
人的觀念來考察制度，如果不平等達到了最
大的限度，或至少促進了最不幸的社會集團
的長遠期望，那麼這種不平等就是可以允許
的。」⑩

　　應當說，從上面對契約論證的更富於直
觀性說明的最後一步中，羅爾斯所考慮的是
什麼時候我們應牢牢堅持原初的平等觀，什
麼時候應當打破這種平等觀。羅爾斯認爲各
方遵循的思路將是在一定程度內爲了其他的
社會善而容忍較低程度的平等權利。這就是
詞典式次序所支配的正義兩原則的實際內
涵。

三、正義的制度

　　在《正義論》的〈理論篇〉中，羅爾斯
論證了原初狀態中，無知之幕下的人們將會
選擇正義兩原則作為社會的統治原則，他確
信這種理性選擇所得出的正義觀是有十分明
顯的吸引力的。但到目前為止，這種正義觀
仍然帶有相當的抽象性。進一步需要說明的
是採納這些原則的實質性意義和結果，這就
不僅要求表明這些原則和實踐的關聯，而且
要求弄清它們的具體內涵究竟是什麼，否
則，用於描述正義兩原則的概念如自由、機
會、公平以及最少受惠者等等，都將仍然是
含糊不清的。

　　在《正義論》的第二部分即〈制度篇〉
中，羅爾斯試圖透過描述一個滿足正義兩原
則的社會基本結構來表明正義原則的實際內

容。他的論點是，「到目前為止，一直按體
制形式予以抽象討論的正義原則，規定了一
種切實可行的政治觀，並相當接近和擴大了
我們深思熟慮的判斷 (considered judge-
ments)」。⑪

羅爾斯所描述的基本結構的主要體制是
「立憲民主制」 (a constitutional democ-
racy)。儘管他堅持認為他所提出的這種制
度安排並不是唯一正義的安排，但實際上卻
相當清楚，他所辯護的原則只能被理解為自
由民主社會的原則。

在解釋正義社會的基本結構時，為了使
正義的原則變得更加生動、具體，羅爾斯必
須說明從他所論證的原則會導出什麼樣的基
本制度和實踐，這就要提供對於正義的政治
制度和正義的經濟體制的具體說明。在這一
過程中，羅爾斯還引入了「義務 (obliga-
tion或譯職責) 的本性」以及「在原初狀態
之外，在不完美之世界中的人們對不完美之
正義社會中法則的遵循」這樣的問題。作為

第一步，爲了釐清原初狀態中選擇的正義原則與正義的制度之間的聯繫，羅爾斯設想了從原初狀態向現實社會過渡的四個階段的序列。

第一個階段即是在原初狀態中對正義原則作出選擇的階段。在作出這一選擇後，原初狀態中的各方將在制憲會議上相遇。制憲會議要決定政治形式的正義性並選擇一種制度，這是第二階段，在這一階段，基本的權利和自由得到澄清。第三階段是所謂立法階段，其目的在於使得法律能夠影響社會的經濟結構和政治結構，這一階段所要考慮的是法律和社會、經濟政策的正義性。第四階段所考察的則是已經由我們判斷確立的以及法定規則的應用問題。

要注意的是，四個階段的序列是用來說明，被無知之幕所約束的社會成員將會選擇正義即公平作爲他們的社會組織原則，因此正義即公平的制度是正義的。羅爾斯認爲，原初狀態只是一種理性假設，並非歷史上的

真實狀態。因此從原初狀態向現實社會的過渡就並非一種有歷史真實性的過渡，而是理論上的過渡，即從一個論證正義原則的合理性的理論過渡到一個關於這一原則在現實社會中的運用的理論，這樣，在所謂四階段序列的第一階段，人們處於無知之幕之下，既不知道自己所處的實際地位，也不知道自己所處社會的特點，但是他們具有關於社會的一般概念，知道社會組織的功能和社會合作的必要性，因此各方將會選擇正義的兩個原則。

在第二階段，由於正義的原則得到公認，無知之幕就被部分地揭開了，於是制憲會議上的各方已經具備關於他們自己的社會如經濟資源和政治文化方面的一般事實的知識，也就是說，他們的知識不再局限於關於正義的環境所固有的那些知識。於是，他們就選擇最有效的正義的憲法，這種憲法符合正義原則的要求並被認為最能導致正義而有效的立法。

　　第三階段，政治制度不再是有爭議的
了，人們對於階級的分化、階層的差別以及
集團或個人之間的利害衝突都有了更進一步
的知識，他們將會選擇羅爾斯所推薦的福利
經濟學的社會經濟政策。在這一階段，無知
之幕還不能完全取消，因爲正義的經濟制度
和社會政策需要在公平的條件下，透過無私
利、無偏袒的人們的努力才能建立，因此還
需要無知之幕這一假設以繼續掩蓋人們的特
殊利益和特殊地位。只有在最後階段即第四
階段，無知之幕才能完全取消，人們清楚地
知道自己所處的社會地位，擁有的財產與身
分，自己的能力以及所屬的階層或階級。也
只有在這一階段，人們才能在對社會的基本
結構的全面理解基礎上來考慮如何應用已經
確立的規則。

　　十分清楚，實現正義觀念的四個階段實
際上就是無知之幕逐漸揭開的過程，也是正
義的原則如何從原則階段發展到制度階段的
過程。那麼，羅爾斯所謂正義社會的實質性

內涵即其在政治和經濟制度上的表現究竟是怎麼樣的？

　　在羅爾斯看來，正義的政治制度即是堅持正義的第一原則，即自由原則的制度，這就意味著按照正義原則，國家應該被理解為由平等公民組成的團體。採納這種制度的國家，「它本身與哲學或宗教信條無關，它只是在個人按照他們在某種平等的原始狀態中可能同意的原則，去追求他們的道德和宗教利益時進行管理。」這就意味著政府在這樣行使權力時充當公民的代理人，滿足他們共同的正義觀要求。因此，事情必然是這樣，「在涉及道德和宗教問題時，政府既沒有權力也沒有義務去做它或某個多數（或不管是什麼人）希望去做的事，它的責任只限於保證為平等的道德和良心自由權提供條件。」⑫

　　因此，當政府需要在某種場合限制自由權時，政府是按照可能在原初狀態中得到選擇的某種原則，用公共秩序和安全的共同利

益來加以限制。因為處在這種狀態中的每個
人都會承認，破壞這些條件對所有的自由權
都是一種危險。根本的原則是，自由只能因
為自由的原因才能加以限制。這意味著良心
自由永遠不會被否定，而當憲法本身是安全
的時，甚至對不寬容者也沒有理由否定他們
的自由。對羅爾斯來說，這樣的憲法應該符
合平等自由權要求的正義的程序。「憲法的
設計，應能使它在所有的切實可行的安排
中，比任何其他安排都有可能產生一種正義
而有效的立法體系。」⑬平等自由權的原則
允許公民有機會參與到最好被稱為立憲民主
的政治過程之中，但自由權同樣亦要求對立
法權加以限制。在這方面，立憲政體的傳統
方法，兩院制立法機關、與制衡原則混合作
用的權力分立、規定有司法複審權的權利法
案，可以作為「參與原則」的補充。進一步，
自由權還要求法治，我們的自由權其界限的
不確定性將會使它本身處於危險之中。

　　這樣看來，羅爾斯所設想的正義的政治

制度要求制約政府的權力，將權威給予立法和司法，而自由的原則則要求對此種權力加以限制。儘管正是出於同樣原則，有人破壞法律時，政府有對之施以懲罰的權威，因為一個無效率的政府是不可能保護重要的自由權的。

在探討了正義的政治制度後，我們再來看看羅爾斯所謂正義的經濟秩序應該是怎麼樣的。

簡單地說，正義的經濟秩序即是堅持正義的第二原則即差別原則的經濟秩序。一個擁有正義的政治制度的國家，將透過相應的立法手段來堅持羅爾斯所謂的差別原則。在這裡值得注意的是，由於羅爾斯關心的重點是應用差別原則的政治經濟條件，而正義原則所需要的政治經濟條件不應和具體的政治經濟制度混為一談，因此，儘管羅爾斯探索了政治經濟學的正義概念，他並沒有真正去處理哪一種經濟制度更為優勝的問題。他堅信，從原則上講，資本主義制度和社會主義

制度都是和正義的第二原則即差別原則相容
的。「雖然市場經濟在某種意義上是最佳設
計這種觀念，一直得到所謂資產階級經濟學
家極其認真的研究，但這一點只是歷史上的
偶然現象，因為至少從理論上說，社會主義
政權也可以利用這種制度的優點。」⑭

　　因此，探討正義社會的經濟安排的羅爾
斯將注意力集中到機會均等的原則和差別原
則怎樣得到堅持的問題上。在他看來，與形
式的機會均等相對的公平的機會均等（fair-
eguality of opportunity），要求政府除了
維持通常的那種社會基本資金外，還要透過
補貼私立學校或建立公立學校的制度，以保
證具有類似天賦和動機的人得到公平的文化
教育機會，政府同時還應在經濟活動和自由
選擇職業方面實現和保障機會均等。而要做
到這一點，就要對公司和私人團體的行為實
施監督，防止建立壟斷性的限制和形成實現
最佳狀態的障礙。最後，政府還要維持最低
限制的社會保障。例如，對家庭進行補貼，

為病人和失業者支付特別費用，更有計畫地採用諸如收入級差補貼等手段。

這樣，羅爾斯所謂正義的經濟制度要求將政府分為四個部門：配置部門 (an allocatian branch)，是要保持價格體系的切實競爭力，並防止形成不合理的市場支配力量。穩定部門 (a stabilization branch)，則努力實現合理的充分就業並與分配部門一起維持市場經濟的效率。調撥部門 (a transfer branch)，其責任是維持最低限度的社會保障。最後還有一個分配部門 (a distribution branch)，其任務是透過稅收和對財產權的必要調整以維持分配份額的一種大致的正義性。可見，羅爾斯所謂的經濟正義的制度性內涵實際上即是福利國家的機構組織形式。

在這裡，還有一個重要的限制是關於代際正義 (justice between generations) 的問題。正義不允許每一代人以簡單的浪費財富的方式從其下一代人中獲益。因此一種公

正的儲存原則 (a just saving principle)
是差別原則的必然結果，它要求每一代人為
下一代人儲存財富，也就是說，為了實現兩
代人之間正義，必須對功利原則進行修正。
契約論的一個特點是，它對可以要求某一代
人為後代人的福利儲存多少規定了上限。

　　以上就是羅爾斯所謂正義的政治和經濟
制度的梗概。現在的問題是：我們為什麼要
遵循至少是逼近理想正義的社會法則，因為
在現實的世界，正義的實現總是不完美的。

　　羅爾斯對這個問題的回答，對他解釋正
義的原則如何得到制度表達的問題是十分關
鍵的，因為這也就是關於他的理論如何影響
現實世界的問題。他的答案是，「一般說來，
法律的不正義性不能成為人們不遵守這個法
律的充分理由，正如（由現有憲法規定的）
立法的法定效力不能成為人們贊成這個立法
的充分理由一樣。」⑮只有這樣才能明白，當
原初狀態中的各方選擇正義的原則時，他們
並不是簡單地同意遵守堅持這些原則的規則

體系，他們實際是對進入一種法律事態（a juridical of affairs）作出了更為廣泛的承諾。

在原初狀態中的各方所問的問題是：什麼是正義的社會。給定了理想合意的條件，他們達到的正義原則就能定義一個完美的正義社會。但是並非只有當社會是完全正義之時，他們才同意遵循這個社會的規則體系，因為這樣一個社會是從來沒有過也永遠不可能有的。各方的目的是要在各種正義的憲法中找到一種從所談到的事實看極有可能導致正義而有效立法的憲法。這種憲法被認為是正義的，然而其程序又是不完全的。其目的是要在情況許可時儘可能地確保產生正義的結果。它之所以不完全，是因為不存在任何可行的政治過程能確保根據它制定的法律一定是正義的。在政治事務中，完全的程序正義是不可能實現的。

事實上，契約論並不能提供給我們對理想的基本結構的選擇權。在原初狀態中各方

碰到的困難是對正義的可行程序的一系列限
制，而在數目有限的可能會被接受的切實可
行的程序中，沒有一個程序會始終作出有利
於我們的決定。因此，羅爾斯得到的最後結
論是，「同意一個這樣的程序，肯定要比根
本沒有程序來得可取」。⑯在一定條件下，各
方將同意容忍不正義的法律。考慮到這種情
況，「我們於是就有了一種文明的自然責任
而不去利用社會安排的缺點，作為我們不遵
守這些安排的一種十分現成的藉口，也不會
為了促進自己的利益而去鑽各種規章必然會
有的空隙」。⑰總言之，文明的自然責任要求
充分承認體制的缺點和在利用體制時所受到
的某些限制，否則相互信任就容易遭到破
壞。因此，「至少在一種接近正義的狀態下，
如果不正義法律的不正義沒有超過一定限
度，人們通常都有一種遵守這些法律的責
任。」⑱

　　可見，羅爾斯並沒有堅持不管什麼樣的
法律，我們都必須遵循。在理想的狀態中，

我們能夠保證完全的遵循；而在非理想的狀
態下，我們所能保證的只是部分遵循，正因
爲既有公民又有法律引起的不正義，就會有
比如懲罰和補償正義、正義戰爭、良心拒絕
（conscientious repusal）、公民不服從
（civil disobedience）等在理想理論和社會
中不會出現的問題。

　　以公民不服從爲例，羅爾斯認爲，當正
義的自然責任要求我們遵循不完美的正義社
會的法律時，對自由原則的不斷違反和以法
律手段尋求補償與調整的窮竭手段就使得公
民不服從——在鎭壓的極端情形下，甚至使
得反叛——成爲正當。因此，「如果正當的公
民不服從似乎威脅到公民的和諧一致，那麼
責任不是要由提抗議的人來負，而是要由濫
用權威和權力從而證明這些反對有理的人來
負。利用國家的強制性工具來維持明顯不正
義的體制，這本身就是人們早晚有權反對的
一種非法力量。」⑲

　　毫無疑問，在所有討論的問題中，有大

量的不確定因素。事實上，在羅爾斯對作為
公平的正義的制度解釋中，他所提供的也僅
僅是對社會實踐可能採取之形式的某種一般
性說明。但在羅爾斯看來，這些就是所有能
夠合理地加以期望的東西，也是全部他想提
供的東西。「如果正義即公平的理論比現有
的一些理論更能按照我們深思熟慮的判斷來
規定正義的範圍；如果它們以更大的敏銳性
來指出社會應該予以避免的更嚴重的失誤，
那麼，就會證明它是一種很好的理論。」⑳

四、善、穩定性與正義感

在確立了正義的兩個原則是支配社會基
本結構的可欲的原則，並證明了它們如何在
現實世界的政治、經濟和法律制度中具體化
之後，羅爾斯轉向了對正義即公平的最後決
定性辯護。他現在關心的問題在於表明他的

正義概念將一個穩定的社會建立在支持我們所愛護的大部分價值的道德原則的基礎上，因而是可以接受的。羅爾斯想要闡明他的理論是「深深地紮根於人類的思想感情，並與我們的目的與追求聯繫在一起的。」㉑

《正義論》的第三部分即〈目的篇〉就試圖表明，當正義的理論在對善的本性的充分思考中得到考察，當穩定性作為一個道德概念得到說明之後，仍然能夠獲得支持。因此，羅爾斯最終要表明的也就是他所謂正義的社會同時亦是善的社會，正義與善是一致的。

要說明羅爾斯是怎樣做到這一點，我們首先要注意他在義務論的（deontological）和目的論的（teleological）道德理論之間所作的區分。義務論的理論斷言，什麼是正當的（right）不依賴於而是獨立於善的。舉例來說，「我們應當信守承諾」，並不決定於這樣做所帶來的好的結果。正當的行為或品格要求我們信守諾言，而這無論如何不依

賴於這樣做所帶來的好處。信守承諾是善的
是因為它是正當的，而並不因為它是善的並
產生了好的結果，它就是正當的。目的論的
理論則堅持什麼是正當的依賴於什麼是善
的。信守承諾之所以是正當的，僅僅因為它
導向善。功利主義即是目的論道德理論的典
型代表。

　　羅爾斯的理論是義務論的，因為他堅持
對正義的兩個原則的尊重是正當的並不依賴
於它是否產生好的結果。他主張「某個事物
只有在符合與現有的正當原則相一致的生活
方式的情況下才是善的。」㉒因此，正當優先
於善。當然，羅爾斯仍然試圖表明正當和善
是一致的，這就是說，他並不是簡單地去設
想與我們的善的觀念相衝突的抽象原則。
《正義論》的第三部分即在論證他的正義概
念的可行性。

　　《正義論》的第三部分主要做了兩件
事。首先，羅爾斯論證了選擇正義的兩個原
則的各方之所以這樣做，可以被描述為是為

了促進對他們是善的東西的一種較弱的或無
爭議的概念。以「審慎的合理性」（deliber-
ative rationality）行動，各方假定他們所選
擇的善是，如果他們具有對選擇的後果的充
分知識也會加以選擇的，而任何好的生活都
要求具備「基本善」（primary goods）。
所謂「亞里斯多德原則」，其內容即是，在
其他條件相等時，人們喜歡運用他們的現實
能力，這種喜歡的程度越高，這種能力就實
現得越多，或者說這種能力就越複雜。這一
原則能夠幫助我們挑選出什麼是基本善。在
原初狀態中的人之所以選擇正義的兩個原則
是爲了提高他們對基本善的享有程度。因
此，羅爾斯認爲他的正義概念是與對善的關
心相一致的。在這種意義上，一個正義的社
會同時也就是一個善的社會。

　　《正義論》的第三部分所做的第二件事
就是表明羅爾斯所設想的正義的社會將是穩
定的，同時也是與其成員的善相一致的。爲
什麼它是穩定的？穩定的社會即是被穩定的

正義觀統治的社會。「如果某種正義觀往往
會產生的正義感比較強烈，更有可能克服破
壞性的傾向，如果這種正義觀所承認的體制
僅僅產生了不正義行動的比較微弱的衝動和
誘惑，那麼這種正義觀就比別的正義觀穩
定。」㉓而正義即公平就是那種能產生強烈
的正義感的正義觀。之所以如此，首先是因
爲人類的心理規律告訴我們，如果一個社會
的制度是正義的，那麼，當人們認識到他與
他所關心的人是這些安排的受益者時，就會
獲得相應的正義感。羅爾斯相信。正義即公
平的兩原則是正義的並且對公民以及他們所
關心的人是有益的。而在引進和採納兩個原
則的任何社會中，正義兩原則亦被認爲具有
同樣的作用。因此，正義的兩原則將會產生
正義感並帶來穩定。

　　但是，是否羅爾斯所設想的正義的社
會，即被正義的兩個原則所支配的社會眞正
是和社會成員的善相一致的呢？羅爾斯的回
答是肯定的。在《正義論》第八十六節

——「正義感的善」（The Good of the Sense of Justice）——中，羅爾斯即轉向接受某種正義感或受某種正義感指導的傾向是與個體的善相一致的這樣的問題。因為正義感就是應用正義原則和按照正義原則，亦即按照正義觀點來行動的一種實際欲望。因此，一個秩序良好的社會裡的人將他們的正義感作為他們的生活計畫的支配力量，這是合理的。重要的是不要將這個問題與向一個利己主義者證明應該做一個正義的人這個問題混為一談。一個利己主義者就是一個只信奉自己的利益觀點的人，但是，利己主義者也有可能正義地行動，即去做一些一個正義的人可能會做的事，「但只要他仍然是一個利己主義者，他就不可能為了正義的人所持有的理由去做那些事」。㉔因此，羅爾斯所關心的只是採用正義觀點的這種固定欲望的好處。而這種傾向果然是與個人的善相一致的嗎？

　　羅爾斯提出了三個理由來說明這一點。

第一個理由是，如果加上情感的契約和對某些制度形式的「同伴一般的感受」，公平的正義的原則將會把人們連結在一起。我們不可能拋棄我們的正義感而不對共同體乃至我們的朋友和同事造成傷害。只要承認我們的道德心理的規律，我們肯定會去避免造成這種傷害。

　　第二個理由則是，一旦這個社會是我們希望去分享的善的社會，對正義的保護就是一件重要的事。可以從「參與到秩序良好的社會中去本身是一種巨大的善」這一事實推出上面的結論，而所謂秩序良好的社會則是公認被正義的兩個原則所支配的社會。因為這種社會是諸種社會聯合中的一種社會聯合，它就在極大的程度上實現了人的各種形式的活動，同時，考慮到人的社會性，我們依靠別人的合作努力，不僅僅是為了獲得實現幸福的手段，而且也是為了實現我們的潛在能力。但要全面地參與這種生活，「我們就必須承認關於支配生活觀念的那些原則，

而這一點就意味著我們必須確認我們的正義感情」。㉕

　　羅爾斯所提供的最後一個理由是與對正義即公平的康德式解釋有關的。即是說，正義地去行動，是我們作為自由而有理性的人希望去做的事，因此，在一個秩序良好的社會中，採納羅爾斯所謂的正義觀是與我們的善相一致的。羅爾斯認為，「正義地去行動的欲望，以及表達我們作為自由的道德主體的本性的欲望，最後表明的簡直可以說是同一種欲望」。㉖

　　這最後一個主張道出了處於羅爾斯道德哲學核心的一種思考，能夠幫助我們理解他的努力目標。羅爾斯假定，對我們來說是善的東西不可能與我們的本性相衝突。他所要追問的是，有誰能命令我們，要求將對善的追求隸屬於對正義的追求的正當原則生活呢？對這個問題的回答只能是，我們只有這樣做才能實現我們的本性從而是自由的。

　　「只有在認為正當和正義原則具有第一

優先的地位並按它們去行動時，表達我們作為自由而平等的有理性的人的本性這種欲望才能得到實現。這是決定性條件所產生的結果：既然這些原則是具有支配作用的，那麼，按這些原則來行動的欲望只有在它對其他欲望同樣具有支配作用的情況下才能得到滿足。正是根據這種優先選擇來行動，才表明我們不受偶然事件的影響」。㉗

　　為了實現我們的本性，羅爾斯認為必須讓正義來調節和指導我們的其他欲望，而不是相反，讓後者來指導前者。「我們只有為保持我們的正義感作好打算，把我們的正義感看作是對我們其他目標的指導」。㉘如果這種情感受到損害，並在把它與其他目標相比較時把它看作不過是其餘的欲望之一，那麼它就不可能得到實現。但對正當和正義感來說，情況就不是如此。因此，「錯誤地行動，常常容易引起由於我們的起支配作用的道德情感受到挫傷所產生的犯罪感和羞恥感」。㉙

　　這一論證表明，對羅爾斯來說，最重要的考慮在於是否存在一種正義觀，是我們作為具有同等的自由活動能力的人類所能依賴的。一種否定我們的本性的正義觀不可能是一種可行的正義觀，它也不可能長久地存在下去，因為這種正義觀不可能贏得我們的忠誠。終極地說，這一點正是羅爾斯反對功利主義的基礎。功利主義曲解了我們的本性，把人類當作主要關心其欲望之滿足的動物，而沒有看到自由與平等具有何等的重要性。《正義論》第三部分論證的線索在很大程度上說明了關於可行性的思考在羅爾斯的著作中占了多大的比重。

註釋

①羅爾斯：《正義論》，英文版，哈佛，1971，p.122。
　譯文參照前引何懷宏等譯本與謝延光譯本，上海譯
　文出版社，1991。

②同上，p.153。

③同上，p.154。

④同上。

⑤同上，p.302。

⑥同上，p.303。

⑦同上，p.176。

⑧同上，p.177。

⑨同上，p.179。

⑩同上，p.151。

⑪同上，p.195。

⑫同上，p.212。

⑬同上，p.221。

⑭同上，p.271。

⑮同上，pp.350-351。

⑯同上，p.354。

⑰同上，p.355。

⑱同上。

⑲同上，pp.390-391。

⑳同上，p.201。

㉑同上，p.391。

㉒同上，p.396。

㉓同上，p.454。

㉔同上，p.568。

㉕同上，p.571。

㉖同上，p.572。

㉗同上，p.574。

㉘同上。

㉙同上，pp.574-575。

第三章
政治自由主義

　　在《正義論》發表後的二十多年裡，羅
爾斯的理論一直是當代西方政治哲學和倫理
學領域中各種爭論的源泉。處於焦點中的羅
爾斯本人也並沒有停止思考，而是仍然講
學、筆耕不輟。

　　在整個七〇年代和八〇年代，羅爾斯連
續發表了一系列論文和演講，對他的理論加
以精緻化，反駁批評、澄清誤解，這個過程
同時也是不斷地修正和重新解釋自己的著作
過程。這一階段的重要作品包括〈道德理論
的 獨 立 性〉（"The Independence of
Moral Theory", 1974-1975）、〈作為主題
的基本結構〉（"The Basic Structure as
Subject", 1978）、〈秩 序 良 好 的 社 會〉
（"A Well-Ordered Society", 1979）、〈道
德理論中的康德式構造主義〉（"Kantian
Constructivism in Moral Theory",
1980）、〈基 本 自 由 及 其 優 先 性〉（"The
Basic Liberties and Their Priority",
1982）、〈作為公平的正義：政治的而非形

而上學的〉（"Justice as Fairness: Politi-
cal Not Metaplysical", 1985）、〈重疊一
致的觀念〉（"The Idea of an Overlap-
ping Consenus", 1987）、〈正當的優先性
與善的觀念〉（"The Privority of Right
and Ideas of Good", 1988）以及〈政治的
領域與重疊的一致〉（"The Domains of
the Political and Overlapping Consenus",
1989）。

　　引人矚目的是，一九九三年哥倫比亞大
學出版社推出了羅爾斯根據一九八○年在該
校的講演稿整理、彙集成的《政治自由主
義》（*Political Liberalism*）一書，儘管這
一論著的相當部分內容在前述諸論文中已經
闡述過了，但仍然可以肯定的是，這一著作
的問世必將引起又一輪羅爾斯研究的熱潮。

　　在《政治自由主義》發表之前，關於羅
爾斯的思想在《正義論》之後的發展變化已
經是國際學術界的一個爭執不休的話題。因
為很顯然，羅爾斯在八○年代發表的一系列

論文似乎預示了他的思考重點的某種轉移，但這種重心的轉移是否導致羅爾斯的思想發生了實質性的變化？如同有所謂維根斯坦（L. Wittgenstein）前後期哲學、海德格（M. Heidegger）前後期思想一樣，有沒有羅爾斯 I 和羅爾斯 II？探討這個問題不僅有助於弄清羅爾斯本人的思想，而且有助於在新自由主義、社群主義（communitarianism）和批判理論鼎足而三的當代政治理論的態勢中，確定羅爾斯理論的位置。

　　一九八九年，在一次名為「羅爾斯正義論的最新發展」的專題討論會中，有論者提出，①羅爾斯的觀點在《正義論》之後有三點主要變化，一是訴諸康德式的「人」（person）的概念；二是承認其正義原則只適用於康德式個人的理想社會，亦即現代民主社會，即暫不考慮跨文化的應用和溝通問題；三是越來越意識到並重視社會多元化的事實，區分公、私領域，強調正義只是政治的共識。

　　大致說來，後《正義論》時期羅爾斯思
想的發展可以一九八二年發表的〈特納講
演〉（"Tanner Lectures"）為界標分為兩
個階段。在前一階段，特別重要的篇章除
〈特納講演〉外，還包括前面提到過的〈作
為主題的基本結構〉和〈道德理論中的康德
式構造主義〉。在這些著述中，伴隨著對他
的正義理論的某些重新解釋，羅爾斯著重回
答了對他的一系列批評，更加突出了他的理
論的康德主義特徵。從一九八二年開始的第
二個階段的最顯著特徵是，羅爾斯斷然放棄
了康德主義而將他的哲學重新鑄造為一種政
治的而非道德的努力。

　　正像我們透過下面的考察將會發現的，
經過兩個階段的發展，羅爾斯對政治哲學的
性質和地位產生了一種新的觀點，但這並不
意味著在羅爾斯思想的發展中有一個決定性
的破裂，應該說，這種發展中仍有內在一貫
之處。

一、「一國的康德主義」

羅爾斯最早的批評者們指出了《正義
論》的兩個特徵。②首先，他們認爲羅爾斯
的理論作爲對近代某些信念的理性化論證並
不具有他所宣稱的那種普遍性。原初狀態中
的各方將會得出的結論並不令人驚奇。因爲
羅爾斯式的個人的動機、信念和理性正是近
代西方自由的個人主義所賦予人們的動機、
信念和理性。其次，批評者們注意到羅爾斯
的契約理論與康德的道德哲學有著特別緊密
的聯繫。但同時，羅爾斯的理論也具有康德
理論的許多弱點，這就是試圖從對什麼是一
個理性的行爲者的分析推導出客觀的帶有義
務性的目的。

針對這兩種批評意見，羅爾斯一方面承
認，他的理論能夠很好地被理解爲近代自由

民主政體的哲學，另一方面又堅持認為，對
傳統的康德學說的反對意見並不能削弱他的
論證。

在承認他的理論就是為現代自由民主社
會提供合適的道德基礎的同時，羅爾斯試圖
表明，他的理論並沒有依賴於對個人的自私
本性的概念。這種對個人的自私本性的觀點
認為，個人的利益和基本目標是獨立於特定
的社會形式被決定的，而社會和國家則被視
作滿足這些在先的個人目標的一種制度安
排，就如同它們是由穩定不變的人類心理法
則得到證明的一樣。而在羅爾斯的理論中，
個人的利益是依賴於存在著的制度以及它所
滿足的正義原則。③這一點也是羅爾斯在
〈作為主題的基本結構〉和〈一個秩序良好
的社會〉中反覆強調的。在他看來，當正義
即公平有一個合適的個人主義的基礎時，它
就能夠適應和調節人類的社會性。正義的兩
個原則將依據在社會基本結構的範圍內對社
會或其他形式的合作所作的貢獻進行調節，

而為了找到調節的原則，社會本身的價值是絕不應成為問題的。調節的適當形式的問題只有在社會之內才會提出，而在這時，各種各樣的社團或聯合體已經存在於社會之中了。確立原則的契約各方只是為了使這個原則得到制度性的表達，這就意味著他們本身就已經被假定為是社會性的，而不是如古典功利主義所理解的那種只具有快樂和痛苦的能力的個體。

因此，對於羅爾斯來說，爭論之點在於已經存在於社會中的「背景正義」（background justice）。但直到在〈杜威講演〉（"Dewey Lectures"）中，羅爾斯才直言不諱地承認他所致力於發現的並不是普遍的正義原則，而是適合於像美國這樣的現代社會的原則。

「把我們的注意力集中在民主社會中，自由和平等的明顯衝突的一個直接後果，就是我們將不再致力於發現適合於所有社會而不管其特殊的社會或歷史環境的正義觀。我

們要解決的是現代條件下的民主社會中關於
基本制度的正義形式的基礎性衝突……至於
我們的結論在一個更為廣泛的情境中在多大
程度上引起人們的興趣,這是另一個問
題」。④

在此,重要的是注意到羅爾斯強調要發
展的是一種康德式的正義觀,但他同時又試
圖克服康德學說的二元論特徵。嚴格來說,
正義即公平並不是康德的觀點,因此「康德
式的」只是類比而非同一。但在許多基本的
方面,羅爾斯的觀點和康德又有充分的相似
性以至於有極大的可類比性。這樣,問題就
集中到這種修正了的康德主義是如何為羅爾
斯的目標服務的,要回答這一問題,就需要
仔細考察一下,羅爾斯在以〈杜威講演〉為
代表的新作中是如何重新解釋他的理論的。

與《正義論》時期相比,現在羅爾斯認
為,政治哲學的目標是要表達和澄清潛在於
常識中為我們共享的觀念,或者,如果常識
是不確定的,就要使與最根本的歷史傳統和

信仰相合適的觀念和原則變得確定。

很顯然，羅爾斯仍然熱衷於發現正義的原則，但他同時又在尋求將我們能夠一致同意的基礎系統地表達出來。〈杜威講演〉的標題就暗示，他現在關心的不僅僅限於用假設同意的設計來揭露道德原則，而且要探索達到同意的合理根據，一方面，想像在理想化的狀態下我們將會同意什麼樣的正義原則，另一方面我們又需要將其構造成保證能得到同意的原則。

應該說，〈杜威講演〉的主張與《正義論》還是有相當的一致性，羅爾斯仍然認為從某種共識（consenus）著手論證正義的原則是最為合適的，他的退却表現在，他現在不再認為這種共識是能夠在所有的社會中發現的，而僅僅限於更為嚴格的團體之中。契約論所要系統表達的是，對我們來說，何謂正義？〈杜威講演〉要確定的是，正義即公平的康德式觀點對我們而言是不是正當的？

羅爾斯把他的方案描述為「康德式的構

造主義」 (Kantian constructivism) 。說
它為構造主義是,因為我們首先被要求構造
一種公平的程序,理想的事情是如果程序是
公平的,那麼結果亦將是公平的,這就是所
謂「純粹程序正義」。說它是康德式的是,
因為羅爾斯像康德一樣試圖不依賴於變幻莫
測的人性──比如人的欲望、激情或傾向
──而證明道德原則的合法性。

　　一個重要的進展是羅爾斯聲稱,正義觀
的內容不是由對人類行為的某種解釋來決定
的,而是由「人的概念」 (a conception of
the person) 來決定的。要在人們是如何理
解他們的人格,以及在人被這樣理解之後如
何解釋社會合作的一般特徵的基礎上選定正
義觀,從而這樣的正義觀對人們的自我理解
是最合適的。

　　從羅爾斯對美國政治史的釋讀來看,他
是把這個問題視作對美國社會提出的問題,
因為美國社會正是將道德的人理解為自由和
平等的,但在「安排基本制度的方式以使得

它適合於將自由、平等的公民視作道德的
人」這一點上却沒有達成共識。因此所需要
的正是透過對包含在它的共同生活中的人的
概念和好的社會的思考來爲這個社會提供正
當的原則。

值得注意的是，羅爾斯這種探索的方向
是與以麥迪遜（J. Madison）爲代表的美國
政治理論主流傳統不同的，後者從人的自利
本性開始解釋，將政治制度視作設計出來以
使人們在追求私人所得時產生的惡減少到最
低程度的一種機制，這種觀念來自於休謨的
人性論和政治理論，而羅爾斯所依據的是康
德，人性的假設在他的推論中是沒有地位
的。羅爾斯的目標不是發現僅僅具有工具性
價值的原則，而是發現由於表達了我們的道
德個性而憑它本身就能博得我們的忠誠的正
義觀。羅爾斯與康德最大的不同在於，他認
爲道德個性並不是一種普遍的性質而是隨著
道德傳統的不同而不同的。

那麼，羅爾斯是如何發現對植根於我們

的政治生活中並與我們對人的概念相一致之
自由、平等及其相對優先性的基本概念的合
適表達呢？從羅爾斯對他自己的方法的解釋
來看，他認爲正義即公平試圖透過系統地表
達兩個「模型觀念」（model-conception）
來揭示關於自由、平等社會合作，以及人的
潛在觀念。其一是「良序社會」（a well-
ordered society）的觀念，其二是「道德人
格」（a moral person）的觀念。在他看
來，這些模型觀念將能挑選出我們將自己作
爲道德的人，及我們將自己作爲自由、平等
的公民和社會的關係的觀念中的本質方面，
並且描述出當人們以一定的方式看待自己和
以一定方式進行社會聯合時這個社會的某些
一般特徵。⑤

　　「原初狀態」則是第三個中介性的模型
觀念，其作用是在「道德人格」的模型觀念
和規定在「良序社會」中的公民之間的相互
關係的正義原則之間建立聯繫，它透過模擬
在良序社會中將自己視作道德的人的公民挑

選正義原則的方式來做到這一點。⑥對原初
狀態中的各方約束將能使他們把自己視作自
由、平等的道德人。一旦正義的原則得到同
意，那麼康德式的構造主義就成功地把一定
的原則與對人的特定觀念聯繫了起來。

　　具體來看，什麼是包含在美國政治傳統
中的良序社會的觀念？羅爾斯認為它首先是
一個由正義的公共觀念有效地調節著的社
會；其次它是一個這樣的社會，其成員是自
由、平等的道德人；第三，它是一個迄今為
止由穩定的正義觀統治著的社會。

　　什麼是隱含在美國政治傳統中的人的觀
念？在羅爾斯看來，這個社會中的道德人是
以兩種道德力量和相應的兩種「最高序列的
興趣」（hightest-order interests）為特徵
的。道德的人有力量或能力形成有效的正義
感，有能力形成、修正並理性地追求善的觀
念。在實現和行使這種力量時，他們被兩種
最高序列的興趣所驅動。此外，他們還有第
三種最高序列的興趣，這就是盡他們所能保

護和提高他們關於善的觀念。

原初狀態則是爲了得出合適於堅持這些關於人和良序社會的模型觀念的政體的正義原則的一種設計，它透過構造隱含在關於人和良序社會的模型觀念中的價值的一定方式做到這一點。原初狀態以無知之幕來確保各方的推理不被財富、地位以及天賦方面的不平等所影響。人們將會把「基本善」（primary goods）放在優先位置，因爲這些善對人類實現和使用他們的道德能力和追求他們的最終目的的社會條件是必不可少的。

因此，當原初狀態中的各方追問什麼樣的原則對我們來說是可以接受的理性的（rational）原則時，所有人一致同意的答案並不真正是對什麼樣的正義觀是合理的和可採納的這個抽象問題的回答。問題是有一個語境的。這個語境就是社會，或者是那個在原初狀態中得到模型化的社會。羅爾斯把這個理性的選擇在其中發生的語境或框架稱作「合理的」（the reasonable），其核心

就是這個社會中的所有理性的選擇者將會接
受的「合作的公平條件」（fair terms of
cooperation）的概念。這個概念表達了互惠
和相互（reciprocity and mutuality）的觀
念，也就是說，所有參加合作的人必須獲益，
負擔共享。「合理的」是包含在調整原初狀
態各方的背景中的，它要求除了如一般性、
普遍性這些對第一原則的各種熟悉的形式限
制外，原初狀態中的各方還要採納一個公共
的正義觀，並用這個條件評價第一原則。換
句話說，「合理的」相當於《正義論》中
「正當」這個概念所起的限制作用。

　　但是，除了認識到與「合理的」相聯繫
的合作的公平條件外，社會合作還要求增進
個人自己的善，羅爾斯把合作的這個方面稱
作「理性的」。在原初狀態中，「理性的」
是用個人實現和使用他們的道德能力和提高
他們關於善的觀念的欲望來解釋的，但這一
點也常常要受到「合理的」限制。

　　「合理的」和「理性的」之間的區別具

有特別的重要性，因為羅爾斯盡極大的努力
去堅持的，正是他並不是從某種抽象的理性
概念（the concept of rationality）推出他
的結論的。他反覆強調「合理的」預設和統
屬「理性的」。⑦

　　之所以說「合理的」預設了「理性的」
是因為沒有驅動社會成員的善的觀念，那麼
即使實現了超出善觀念所指定的價值，這種
合作仍然不是社會合作，並與正當和正義無
關。說「合理的」統屬「理性的」是因為
「合理的」原則限制——在康德的學說中，
是絕對地限制——人們所追求的最終目標。

　　這一點對理解羅爾斯式的康德主義具有
極大的重要性，它就使得羅爾斯的批評者不
再能夠指責他是在追求絕對的普遍性。事實
上，羅爾斯的出發點是一種特定的實質，是
自由民主的美國式社會觀念，這種觀念是
「合理的」，它統屬關於合理性的考慮。

　　「合理的」和「理性的」之間的區分本
質在一九八二年發表的〈特納講演〉中闡述

得最為清楚，這個講演是針對牛津大學著名
的法理學家哈特（H. L. A. Hart）對《正
義論》關於自由優先性的解釋的批判。哈特
在一九七八年發表的名為〈羅爾斯論自由及
其優先性〉（"Rawls on Liberty and its
priority"）的文章中認為，羅爾斯沒有能夠
充分解釋，為什麼原初狀態中的各方將會選
擇基本自由並承認它們的優先性，羅爾斯也
沒有能夠說明，在特定的社會條件下基本自
由是怎樣進一步得到確定的。如同前一章已
經說明過的，在羅爾斯理論中，當正義的原
則在原初狀態中得到選擇，緊接著就有三個
進一步貫徹的步驟，首先是各方將在制憲會
議上相遇以確定公民的權利；然後是立法階
段，在這一階段，法律和政策的正義性將得
到考慮；最後則是對特殊事件的法律解釋即
司法階段。哈特認為羅爾斯並沒有說清正義
的原則如何在這一過程中得到運用並使其獲
得更為實質性的內容。

　　針對哈特的批評，羅爾斯首先修正了他

的第一原則。依據〈特納講演〉，第一原則
現在是這樣表述的：每個人對與所有人擁有
的充分恰當之平等的基本自由體系相類似的
自由體系，都應有一種平等的權利。羅爾斯
聲明他現在並不給「自由本身」（liberty
as such）指定優先性，而只是把優先性給予
某些基本自由。哈特正確地指出了羅爾斯一
方面為特定的「基本自由」辯護，另一方面
又以更為一般的條件堅持「最大的平等自
由」的原則（如堅持自由只能以自由的原因
而被限制），這正是《正義論》含糊不清之
處。羅爾斯承認他並不是為自由本身進行辯
護，而只是為一定的基本自由進行辯護。
「貫穿民主思想史的焦點是達到某些特定的
自由及其制度的保障……對基本自由的解釋
追隨這一傳統」。⑧自由的名目則是分別在
制憲階段、立法階段和司法階段得到進一步
確定的。

　　按照羅爾斯現在的解釋，在從原初狀態
開始的四個階段中，「合理的」總要構造和

統屬「理性的」，雖然理性的行為者（the rational agents）的任務和他們的努力所受到的限制是在變化的。因此，當原初狀態中的各方在選擇基本結構的原則時，是受到「合理性的」條件限制的，制憲會議的代表將用這些原則挑選出一部憲法，立法者必須依據憲法和基本原則制定法律。在每個後繼的階段，因為受到前此階段的限制越來越多，給行為者留下的餘地就越來越少。但當任務變得越來越缺乏一般性，越來越專門化時，人們將不得不合理地行動。「合理的」要求越來越強，無知之幕越來越薄，「在原初狀態中，『合理的』限制最為薄弱，而無知之幕最為厚實。在司法階段，『合理的』限制最為強烈，無知之幕最為薄弱」。⑨

在發展這一論證時，羅爾斯的目標很大程度上在於表明對康德主義的正義觀的闡明並不是抽象的無中生有。其實際任務是克服由於對自由、平等觀念的意義沒有達成共識而在美國政治文化中形成的困境。其解決辦

法是認為康德式的正義觀是值得信奉的，因
為它是和隱含在給予自由和平等以首要位置
的美國傳統中的人的觀念和良序社會的觀念
相一致的。

　　總體來看，羅爾斯從一九七五至一九八
二年的著述，其中特別是〈杜威講演〉突出
地強調了他的理論的康德式特徵。應該說，
其理論在很多方面改進了康德的道德哲學。
比如，對康德的定言命令的原理最終要由它
們滿足人們的自然傾向和需求的批判，對羅
爾斯就是不合適的。羅爾斯的理論根本不依
賴於任何關於人性的觀點。「在正義即公平
中，構造『理性的』與『合理的』觀念是從
自由、平等的道德人的觀念導出的，一旦這
一點得到理解，原初狀態的限制就不再是外
部的限制」。⑩

　　更進一步，根據羅爾斯的看法，原初狀
態中「合理的」對「理性的」的構造方式
「代表了實踐理性的統一的特徵」。⑪用康
德的術語來說，經驗實踐理性是各方合理的

審愼所代表的，純粹實踐理性是由對這些審
愼的限制代表的。透過規定「合理的」構造
並統屬「理性的」，實踐理性的統一性得到
了說明。這就是說，被同意的正義原則在良
序社會中的應用和善的主張相比，是有詞典
序列的優先性的。

　　集中起來說，這一階段羅爾斯要解決兩
個問題。第一個問題是調和體現在美國政治
文化傳統中洛克遺產和盧梭遺產間的衝突，
即自由的要求和平等的要求之間的衝突。羅
爾斯的解決辦法是對康德主義正義觀的系統
說明。第二個問題是康德學說的抽象性，這
一問題的解決是透過發展一種原初狀態的理
論，作爲「合理的」施加限制的框架，且最
終產生「合理反思」(rational reflection)
的實質性內容來得到解決的。

　　應當說，這些雄心勃勃的哲學主張是令
人吃驚的，但更爲令人吃驚的是在不久之
後，羅爾斯就放棄了對他的正義觀的康德式
解釋，而開始轉向引起更多爭議的政治自由

主義階段。

二、走向政治自由主義

　　與前一階段相比，羅爾斯這一時期的思
想是對一種相當不同的批評的反應，這種批
評主要是來自於社群主義者 (the com-
munitarians)。社群主義者認為，羅爾斯的
理論依賴於關於人的本質和同一性的特殊的
形而上學假定，並且依賴普遍的哲學眞理。

　　在某種程度上，羅爾斯需要對這些批評
作出反應是頗有些令人驚奇的。因為像桑德
爾 (M. Sandel) 這樣的社群主義在批評羅
爾斯的理論時沒有充分注意到他的晚期著
作，特別是在〈杜威講演〉中發生的變化。
而且，桑德爾這位對羅爾斯承諾了一種關於
自我本性的站不住脚的形而上學論題進行了
最富思辨性論證的社群主義者，同樣沒有考

慮羅爾斯在一九七四年擔任美國哲學學會主席時發表的名為「道德理論的獨立性」(The Independence of Moral Theory) 的演說,在這一演說中,羅爾斯為道德理論不應當依賴於別的哲學分支如考察人格同一性問題的心靈哲學的觀點進行辯護。

同樣令人驚奇的是,很少有人認真對待羅爾斯從他最早期的作品《倫理學的決定性程序概要》 (_Outline of A Decision Procedure For Ethics,_ 1951) 開始即堅持的主張,即是說,他的出發點是要合乎道理地解決實踐中存在著的衝突,他尋求的是裁定關於不同利益的相互競爭的主張。正義要求在實踐的結構之內為相互競爭的主張建立適當的平衡。要發現什麼樣的正義原則是合乎道理的,並不需要求助於別的哲學教條,而是需要某些確定合理解決的方法或程序。羅爾斯在他早期的作品中就認為,倫理學的結論並不是從其他的哲學前提中演繹出來的,與其說倫理學是演繹性的還不如說是歸納性

的。

　　儘管如此，當社群主義者指責羅爾斯試
圖從承諾關於人性的特定觀點的抽象前提出
發推演出普遍性的原則時，他並不是簡單地
回到他早期著作的主張上。他現在關心的重
點有了轉移，當然，仍有某些理論的連續性
保留了下來。

　　羅爾斯現在強調的是他的正義論與其被
理解作道德學說，不如被理解為一種政治理
論，它本身是不需要承諾任何形而上學論題
的。正義即公平的目標是成為政治的正義
觀。他認為〈杜威講演〉若被稱作「政治
哲學中的康德式構造主義」（Kantian
Constructivism in Political Philosophy）
會更好。這就是他在一九八五年發表的〈正
義即公平：政治的而非形而上學的〉中論證
的主旨。在一九八八年發表的〈正當的優先
性和善的觀念〉中，羅爾斯更提出了一個基
本的區分，這就是在政治的正義觀和綜合性
的宗教、哲學或道德學說之間的區分。他聲

稱，他所提供的是一種公共哲學，而不包含
並不能等同於任何綜合性的學說。

在探討羅爾斯做出這種區分的理由之
前，應當先來觀察一下這種區分。羅爾斯認
為，政治的正義觀有三個顯著的特徵。⑫首
先，它是為一個特定的領域即立憲民主制度
的基本結構構造出的道德觀念；其次，接受
政治的正義觀並不要求接受任何特定的宗
教、哲學或道德學說，「主義的正義觀只是
基本結構的一個『合理的』觀念」；第三，
這種政治的正義觀並不是根據任何綜合性學
說而是根據潛在於民主社會的公共政治文化
中的基本直覺觀念構造出來的。因此，政治
觀和其他觀念之間的差別是範圍的差別。綜
合的觀點要求對什麼是人類生活中有價值的
東西，什麼是個人德性的理想以及什麼是支
配我們生活全部內容的品格作出解釋，而不
僅僅限於政治領域。一個充分完全的綜合性
學說包含了人類思想的系統圖式中所有認識
到的價值和德性，「而一個部分的綜合性學

說則僅僅包含在鬆散的系統圖式中某些而不
是全部非政治的價值和德性」。

　　羅爾斯之所以要發展這種區分是與他現
在對政治哲學的任務的理解有關的，而作出
這種區分對完成他所理解的政治哲學的任務
是十分必要的。正像他在〈杜威講演〉中已
經表示的，他試圖解決將美國政治史導入困
難的某些問題，這就是表現在美國政治哲學
遺產的不同線索中的對平等和自由的理想的
不同理解之間的衝突。

　　但是，這種衝突並不僅僅是學理上的，
它要求將現代社會作爲一個整體，對這個社
會來說，有四個關於政治社會學和人類心理
的普遍事實具有關鍵的重要性。⑬第一，包含
多種多樣的道德、宗教、哲學學說是像美國
這樣的現代民主社會的公共文化的一個永久
性特徵，而且它本身還將堅持關於人生的意
義、價值和目標的多種多樣的甚至不可調和
的相互衝突。其次，對一種綜合性的宗教、
哲學或道德信條的共同的持久理解，只能靠

壓迫性地運用國家權力來維持；其三，一個
持久、穩固的民主體制，必須至少得到它的
大多數政治上活躍的公民出於自願的、自由
的支持；最後，「一個合理的穩定的民主社
會，包含著從它本身能夠產生出適合於立憲
政體的政治正義觀的某些基本直覺信念」。
在這樣一個社會中的政治哲學的任務，就是
要解決如何保持穩定和社會統一的問題。
「憲政民主的一個最重要的目標就是要提供
一種政治的正義觀，這種正義觀不但能夠為
政治和社會制度的正當性提供共享的公共基
礎，而且保證將穩定性從一代傳到下一
代」。⑭

　　毫無疑問，這是一個重要的任務，因為
多元的事實並不是一個馬上就會消逝的歷史
條件，而毋寧是現代民主社會的公共文化的
一個永久性特徵。穩定和社會統一，迄今為
止一直受到「會使潛在於社會中的深刻分歧
加劇和永久化的得不到解決的分歧」的威
脅，這種情況並且加劇了公共生活中的不安

和敵意。這種傾向的危險性就在於一旦機會
出現，社會中的群體或部分將會不擇手段地
去追求他們的更爲局部的利益，並減少在一
個穩定的社會聯合條件下進行社會合作的可
能性。

　　那麼，政治哲學怎樣來幫助確定穩定，
並保證長期均衡中持續存在的社會聯合呢？
羅爾斯認爲，這就需要發現一種正義觀使得
社會的成員能夠審視他們的政治制度是否正
義。要做到這一點，政治哲學必須摒棄下面
兩種方法。首先，如果政治制度僅僅是用來
調節自我或群體利益的有害影響的，那麼政
治哲學就不能從尋找指導這種政治制度的建
構原則入手。這實際上就是前面提到過的美
國經典政治理論的主流傳統所採取的道路。
羅爾斯認爲這種方法必須摒棄。如果一種政
體將它的穩定性依賴於使相互競爭的利益得
到控制這一點，那麼這僅僅是一種權宜之
計，是將穩定性寄託在偶然的事實之上。羅
爾斯所要確保的穩定性則是那種即使在環境

變化和權力平衡被打破的壓力之下仍然不會
瓦解的更深一層的社會聯合。因此，所需要
的是能夠將民主政體的價值和觀念系統地表
達出來的正義觀，它將指定所要達到的目標
和所要尊重的界限。只有這種正義觀才有希
望贏得多元社會中的「交叉共識」（over-
lapping consensus）的支持。

對政治哲學的這種思考亦將使試圖構造
關於正義的綜合性概念的第二條道路變得無
效。對羅爾斯來說，穩定性是透過對正義問
題建立交叉共識來獲得的。因此，基本結構
的制度必須對每個公民都被證明為正當的，
穩定性和社會聯合來自所有人都能接受的公
共的尺度。在多元主義成為事實的條件下，
羅爾斯認為沒有一種普遍的和綜合性的學說
能夠成為政治正義的可共同接受的基礎。為
辯護這一點，在前面四個普遍性事實之後，
羅爾斯又指出了第五個事實，那就是，我們
都是在某種特定條件之下作出許多最重要的
判斷的，這就使得誠心誠意的和完全講道理

的人即使在經過自由討論之後也難以達到完全一樣的結論。

因此，政治哲學的任務不能靠發展一種綜合性的哲學得以完成，我們的目標是發現能夠贏得忠誠的可應用的觀念，而包含容易引起爭論的主張的哲學觀不可能和不包含這些主張的觀點贏得同樣多的支持者。更好的辦法不是去回答形而上學的或認識論的問題；正義即公平的目標，「不是把自己作為正確的正義觀，而是作為被視作自由和平等的公民之間達成有根據的和自願的共識的基礎」。⑮因此，問題不是找到正確的正義觀，而是找到使我們能夠共同相處的正義觀。作為探索獨立的形而上學和道德秩序之真理的哲學，並不能夠為民主社會的政治正義觀提供可行的和共享的基礎。

從這樣的結論就可以看出，羅爾斯現在必然要反對康德和彌勒的自由主義，因為後者所提供的都是普遍性的、綜合性的道德信條。「說它是普遍的，就在於這種信條應用

到廣泛的主題上；說它是綜合性的，就在於
它包括了關於什麼是生活的價值，什麼是個
人德性的理想，什麼是指導我們的思想以及
我們的全部行為的品格觀念。在這裡我所指
的是康德的自律理想以及把它與啓蒙的價值
聯繫在一起的思想，彌勒關於人格的理想以
及將它與現代性的價值聯繫在一起的思想。
這兩種自由主義都包含了比政治遠為廣泛的
內容，而他們關於自由制度的信條在很大程
度上依賴於非普遍的甚至只是在民主社會才
得到廣泛共享的理想和價值，因為它們並非
政治正義觀的可應用的公共基礎，我懷疑這
一點也同樣適用於除康德和彌勒外的許多其
他自由主義者」。⑯

　　這就是說，羅爾斯開始摒棄康德，至少
是摒棄對於正義即公平的康德式解釋。如果
達致共識要求政治哲學獨立於哲學的其他分
支，尤其是獨立於哲學史上那些長期爭論的
問題，那麼對於正義即公平的康德式解釋恰
恰是太富於爭議了。我們必須迴避這種爭議

以使相互競爭的政治觀得到調節，只有這
樣，在相互尊重基礎上的社會合作才能得到
堅持。

　　當然，摒棄康德並不等於他放棄了自由
主義。羅爾斯放棄了對作為一種綜合性的道
德哲學的自由主義的辯護而開始提倡他所謂
的「政治自由主義」。這種自由主義將不再
依賴於任何如自律這樣特定的自由道德理
想，在它強調寬容的重要性，論證政體應當
就其本身不再預設某種特定形式的好的生活
才是最好的原則所支配的意義上，我們仍然
說它是自由主義的。因此，政治自由主義對
綜合性自由觀的態度是一種寬容的態度。

　　可見，羅爾斯現在為之辯護的自由主義
是一種能夠保證穩定和社會聯合的自由主
義，從這一點上看，可以說羅爾斯的政治哲
學是將自由主義回復到了它最古老的關懷之
上，這一關懷就是和平。確實，從羅爾斯的
政治哲學所關注的不再是自律或個性，而是
秩序，政治的正義觀有著濃厚的霍布斯主義

色彩。這也就使得如何解釋羅爾斯思想發展
的內在旨趣成為頗有意思的一件事了。

　　儘管羅爾斯思想發生變化，但與他的早
期著作相比，仍有許多連續性的觀點保留了
下來。前面所揭示兩個階段的發展實質上是
一種強調重心的轉移，這最明顯地表現在羅
爾斯增進了在《正義論》第三部分占主導地
位的可行性論證，相應地降低了對可欲性的
思考。

　　如同我們已經看到的，羅爾斯現在認為
重要的問題是在美國這樣的多元社會如何堅
持和保證社會聯合。相應地政治哲學的任務
並不是去回答什麼是支配好的社會的最可欲
的正義原則，而是去發展可應用的或可行的
原則。羅爾斯把自己的目標規定為對「我
們」合適的政治正義觀，極為強調能夠保證
穩定的原則。

　　羅爾斯所謂的穩定，正如他一再強調
的，並不是那種把制度設計用來調節相互競
爭的利益的短暫穩定。穩定是在社會基本結

構上達致深層次一致的條件。對正義觀的可行性的最終要求，在於這種觀念能夠用來組織社會，而在這個社會中的人們，在他們關於善的觀念方面有著巨大的差異。把這個條件作爲焦點問題是羅爾斯晚期著作中最新穎的地方。在《正義論》中，就能夠受到正當觀念的約束而言，一個觀念是可行的，而可行的觀念是能夠用來解決爭端的公共手段。而現在，即使在人們堅持不同的道德哲學時，可行的觀念仍然要能夠做到這一點。

　　羅爾斯把原初狀態的契約式的設計，重新解釋爲對發現一個適當可行的觀念問題的解決，這種設計是用來使現代社會中的推理模型化的。對理性選擇的約束是用來反映潛在於民主社會的公共政治文化中的最重要的價值和對自由平等的承諾的。在「合理的」的條件限制下，理性的選擇產生了所有人都能接受的正義原則。這樣的原則就相當於穩定的正義觀，因爲它們是會被社會所選擇的原則，從而亦是可行的原則。

當然，這並不意味著羅爾斯已經拋棄了對什麼樣的正義原則是可欲的這一問題的興趣，但顯然這一問題只有次一等的重要性。對什麼原則是可欲的考慮，要受到什麼原則是最合理的，對我們是可行的，也是最能帶來穩定的這樣的語境限制。在原初狀態中，可行和可欲之間的關係是反映在「合理的」和「理性的」之間的關係中。對羅爾斯來說，抽象地談論什麼是理性的是無意義的，因為我們事實上常常是從存在於社會中的基本的直覺信念開始的。

認識到這一點會使我們注意到一個有趣的現象，那就是儘管羅爾斯經常遭到如桑德爾那樣從黑格爾那裡借用資源的社群主義者的批判，而實際上羅爾斯自己發展的理論却帶著很濃重的黑格爾主義色彩。這並不是說羅爾斯擁護黑格爾的社會、政治哲學，贊同黑格爾的唯心主義形而上學，而是指羅爾斯將實際存在的社會實踐當作自己的出發點，並用植根於這種實踐中的價值審視社會，寄

希望於實際的社會實踐本身，寄希望於潛存
在民主社會的公共政治文化中的基本觀念。

　　為什麼說這種主張可以和黑格爾相比
擬？要回答這個問題必須先來看一下黑格爾
的某些基本觀點。黑格爾相信，脫離現實的
哲學家們常常會製造空中樓閣，而這種空中
樓閣是十分危險的。對黑格爾來說，哲學必
須處理現實世界中的問題，這並不意味著滿
足於描述現象或接受現狀，毋寧說是要將現
實作為研究的對象，理解它之所以如此的原
因。事實上，現實世界存在的內在根據與它
對非批判的心靈所顯現的可能是截然不同
的，而哲學的任務就是去調和現象與本質，
對哲學家們來說，關鍵在於認識到現實世界
的理性是歷史化的理性，在任何抽象的意義
上，世界絕不是理性的。康德的錯誤就在於
試圖建立先驗理性的理想王國去評價現實世
界，而這種理想王國是只有在彼岸，在與現
實世界脫離的本體界才存在的。對黑格爾來
說，理想是在現實中發現的。

依照這樣的解釋，羅爾斯儘管沒有接受黑格爾的形而上學主張，但却和黑格爾有驚人的相似。像黑格爾一樣，羅爾斯堅持認爲靠建立抽象的原則或構造本體的眞實將一無所獲。我們應當從現實存在的社會開始我們的道德探究。在羅爾斯的理論中，原初狀態並不是一個出發點而是模擬現實社會秩序的價值方法。羅爾斯用對潛在於實踐中的直覺信念的解釋，來表達現實秩序的道德品格。羅爾斯哲學的黑格爾主義色彩就在於他不是用抽象的某些理性標準來重鑄現實社會，而是透過引出潛在於它的公共政治文化中合理的直觀來理解自由民主的美國社會。

我們必須承認，這樣讀解羅爾斯並不是所有人都能接受的。但底下有幾點考慮表明，這種對羅爾斯的解釋雖不是唯一合理的，但都並不使人感到意外。⑰

首先，〈道德理論中的康德式的構造主義〉是題獻給杜威（J. Dewey）的。在羅爾斯看來，杜威創造性的地方就在於將黑格爾

的唯心主義中與美國文化同質的有價值的內
容採納到自然主義中。黑格爾的目標之一就
是克服損害了康德的先驗唯心主義的二元
論，而杜威在這一點上是與黑格爾一致的。
羅爾斯認為，在沿著黑格爾主義的路線解釋
他的道德哲學時，杜威是和康德對立的，而
正義即公平在同樣的意義上摒棄了康德。
「正義即公平和以克服康德學說中的二元論
的共同目標來解釋的杜威的道德理論之間，
有著許多緊密的聯繫」。[18]因此，對克服康德
道德理論的弱點的共同關心，使得羅爾斯像
杜威一樣發展了一種可與黑格爾相比擬的政
治哲學就不值得驚奇了。

　　其次，在〈重疊一致的觀念〉一文中，
羅爾斯曾經表示，他現在為之辯護的觀念和
自由思想中的霍布斯主義路線是有矛盾的，
但却在黑格爾的權利哲學中處於中心地位。

　　第三，也是最重要的一點是，羅爾斯認
為他自己的任務就是發現對實際問題的哲學
解決，就是要克服在美國政治歷史中由於缺

乏對基本社會制度的組織方式的共識而陷入的困境，這種基本社會制度將自由和平等的公民視作道德人。消除對自由和平等的不同理解的衝突，在羅爾斯看來，既是一個實踐的任務，亦是一個哲學的任務，其目標即是要保持穩定的社會聯合。但這種聯合不能僅僅透過制度設計來達到，只有支配著基本結構的正當性的使大家能夠共同相處並彼此證明社會基本制度是正當的公共哲學才能做到這一點。哲學之所以是關鍵的，就在於必須把這種證明系統地表達出來，否則，不管能夠贏得多長時間的和平的權宜之計，仍然不能取得共識，也仍然不能有穩定的社會聯合。哲學之所以是必要的，就在於它用來表明公共的一致是如何可能的，這一點清楚地表現在羅爾斯對所謂「迴避的策略」(method of avoidance) 的辯護中。

「給定的達成自由的和非強制的一致的欲望，這種方法就能夠使我們表達出『與歷史條件和我們的社會世界相一致的公共理解

是如何達到的』。直到我們使自己理解了這種公共理解是如何發生的，它才會發生」。⑲

當把這一任務給予哲學時，羅爾斯給予了哲學以黑格爾所給予的同樣的重要性。在黑格爾看來，在揚棄人和自然、人和社會、人和上帝這些最重要的對立時，哲學的地位是不可替代的。這些分離和對立已經給人類帶來了利益，只有當人們把自身與自然、社會、上帝與命運分離開來，人才能獲得自我意識和理性的自律，因此，哲學要表明的並不是如何回到這些對立不再出現的原始的同一性當中去，而是要在一個克服了異化的世界裡使這些利益得到保留。

在某種意義上，羅爾斯在做著與黑格爾相類似的事情，根據羅爾斯的解釋，政治哲學就在試圖透過確立能夠達成現代社會內部一致的深層基礎而克服不穩定的問題。一旦找到這種共同的基礎，它就會使作為社會成員的個體在社會中有一個安全的位置。

　　與黑格爾一樣，羅爾斯反對對正義問題
的抽象討論，他同樣反對把正義問題僅僅當
作發現一個令人滿意的權宜之計的完全實際
的問題。但引人矚目的是，羅爾斯晚期思想
的發展顯示，他現在把政治哲學的任務當作
是實用的而非哲學的問題，它所尋求的不是
關於政治和道德的真理，而是對於政治問題
的實際解決。多元社會是受到相互競爭的道
德、宗教和政治觀念間的爭執支配的，一個
廣泛的道德觀只會增加衝突。我們需要的是
在這些相互競爭的主張之間進行裁定的程序
和方法，政治哲學的任務就是制定出這種程
序。

　　根據羅爾斯的看法，政治哲學透過構造
政治的正義觀的原則可以做到這一點，這些
原則不是透過挑戰、反對，而是透過超越和
調節相互敵對的綜合性觀念來建立的。因
此，問題不在於去發現關於公共道德的原則
的真理，而是透過在各種道德、宗教和其他
的綜合性的哲學之間鍛造出穩定的一致從而

在一個長時間的競爭中保持社會聯合和穩定。

　　在這裡，羅爾斯的哲學不是與黑格爾而是與美國實用主義思想家威廉・詹姆士（W. James）、杜威具有更多的共同性，⑳黑格爾堅信社會衝突的仲裁是哲學的事情而不是一種實用的調解，他反對在哲學或理論和實踐之間作生硬的區分。在否定哲學探究的任務在於發現關於公共道德的真理，強調確保對具有基本性的社會衝突的實際解決方面，羅爾斯是更為接近杜威而非黑格爾的。

　　綜觀羅爾斯在後《正義論》時期的發展，可以看出，羅爾斯現在不再把自己的哲學僅僅視作相互競爭的政治哲學中的一種，它的目標最終也不在於挑戰、駁斥諸如此類的競爭者，而是試圖透過構造一個基點來包括它們並從而贏得它們的忠誠。這樣，羅爾斯理解的政治哲學試圖系統地說明政治同意（political agreement）的條件，而這種政治同意能使得不同的觀點共存在一個穩定的

社會聯合中，從而保證不同的道德和政治觀
點都得到考慮和調和，而不是僅僅視作政治
論爭中的不同主張。

　　自相矛盾的是，一旦這種政治哲學觀取
得成功，它事實上將取消政治哲學本身，因
為這種政治哲學觀的首要關心之點即是透過
將最基本的分歧從政治議程上去掉從而一勞
永逸地結束政治論爭。儘管羅爾斯沒有明
言，但一九九三年問世的《政治自由主義》
正是對實現這一抱負的一種體系化的努力。

三、新問題、舊答案

　　一九九三年，哥倫比亞大學出版社推出
了羅爾斯根據一九八〇年在該校的講演稿整
理修改成的《政治自由主義》一書，由於在
《正義論》發表後的二十餘年裡，羅爾斯一
直沒有發表過系統的著作，而只有散篇的論

文和講演稿問世。因此，儘管《政治自由主
義》一書裡的極大部分內容及其包含的基本
理念是在該書出版之前已經爲人熟知的，但
以一本專著的形式將其複雜性不亞於《正義
論》的許多抽象觀念集中地表達出來，又一
次引起了人們廣泛的矚目。可以預計《政治
自由主義》將再一次引起羅爾斯研究的熱
潮。

　　《政治自由主義》由基本要素、主要觀
念和制度框架三部分共八講組成。羅爾斯從
兩個基本問題開始，第一個問題是：在被視
爲自由平等且世代相繼、終生充分合作的成
員的公民間，最適合於規定社會合作的公平
條件的正義觀念是什麼？第二個問題羅爾斯
把它稱之爲一般所理解的寬容問題。民主社
會的政治文化以多種多樣的相互敵對、不可
調和的宗教、道德、哲學學說爲特徵。政治
自由主義把各種理據充分的信條並存的格
局，看作人類理性能力在持久的自由制度下
長期運用的必然結果。因此，「如果這樣理

解寬容，如果合理的多元主義是自由制度的必然結果，寬容的根據是什麼？」這樣兩個問題也可歸併爲一個，即：一個由被有理據的宗教、哲學、道德學說深刻分裂的自由平等的公民組成的公正而穩定的社會，如何是可能的？㉑

羅爾斯聯繫過去兩百多年民主思想的歷史傳統的兩派來闡述這兩個基本問題。一種是與洛克相聯繫的傳統，這種傳統更強調貢斯當所稱的「現代自由」，即思想和信仰的自由，某些基本的人身權和財產權以及法治；一派是與盧梭相聯繫的傳統，這種傳統更強調貢斯當所謂的「古代自由」，即同等的政治自由和公共生活的價值。用羅爾斯的話來說，這兩派之間的衝突實際即是自由和平等的衝突。

羅爾斯認爲，要把政治自由主義闡述爲對這兩個問題的回答和對他所說的兩種相互衝突的傳統的裁定，必須從一組隱含於一民主社會的公共政治文化中人們所熟悉的基本

理念出發，借助於這些理念組成的觀念體系
可以表述和理解政治自由主義。其中第一個
觀念是政治正義觀本身。一種正義的政治觀
具有三個典型特點。㉒第一個特點與政治觀
念的主題有關。儘管這樣一種觀念當然也是
一個道德觀念，它却是爲一個特殊的主題
——即爲政治的、社會的和經濟的制度而提
出來的道德觀念。換句話說，一種正義的政
治觀首先注意的是基本制度的結構，其所適
用的原則、標準和準則，以及那些規範將如
何表現於實現著社會理想的成員的品性和態
度之中。第二個特點與表達的方式有關，正
義的政治觀被表達爲一獨立的觀點。「儘管
我們希望一種政治觀能從一種或多種廣泛性
學說那裡得到證明，它既不能被表達爲這樣
一種適合社會基本結構的學說——就像這結
構只是那個學說適用的另一個主題那樣；也
不是由那個學說衍生的。」也就是說，政治
觀念的一個突出特點在於：它被表達爲獨立
的東西，對它的解釋擺脫了或不需去參照任

何更寬泛的背景。正義的政治觀的第三個特點是，它的內容是以被人們視為隱含於民主社會的公共政治文化中的某些基本理念來表達的。這種公共文化包括一種憲政體制的政治制度，為之提供解釋的社會傳統（包括司法的傳統），以及成為共同知識的歷史文本和文獻。

除了政治正義觀本身，還有三個基本理念：社會是一持久公平的社會合作體系的理念及兩個伴生的理念——人是自由平等的這一人的政治觀以及關於一個秩序良好的社會的構想。除此之外，還有兩個用來描述公平正義的理念，即關於基本結構和原初地位的構想。為了把秩序良好的社會描述為一種可能的社會秩序，羅爾斯又在這些理念外補充了重疊一致的理念和關於合理的廣泛性信條的理念。「合理的多元主義是借助後者來規定的，社會統一的實質則是由對合理的廣泛性信條的穩定的重疊的一致來說明的」。最後，羅爾斯還引入了政治領域的理念和公共

理性的理念來塡補政治自由主義的內容。

　　在闡述了這些基本理念及其相互聯繫之
後，羅爾斯得出，要使社會成爲自由、平等
的被各自持有合理的廣泛性信條深刻分裂的
公民間的一公平穩定的合作體系，必須滿足
三個充分條件，第一，社會的基本結構是由
一個政治的正義觀來調節的；第二，這一政
治正義觀的核心是合理的廣泛性信條的重疊
一致；第三，當公衆討論涉及憲法的實質內
容和基本正義的問題時，這一討論是以政治
正義觀的語言來進行的，「這一扼要的概括
表明了政治自由主義的特點，以及它怎樣理
解憲政民主的理想」。㉓

　　《政治自由主義》包含了非常豐富的內
容和許多抽象的概念，其中相當一部分內容
和概念在前面闡述羅爾斯後《正義論》時期
思想的發展時，已經依據單篇的論文和演講
討論過了，這裡僅就《政治自由主義》與
《正義論》的聯繫以及羅爾斯對政治哲學的
理解作一概述。

　　《正義論》確立了兩個基本的正義原則，第一原則爲所有人規定了平等的自由權體系，第二條原則排除了某些經濟和社會的不平等。在《政治自由主義》中，羅爾斯仍然堅持這兩個原則，儘管在他的新作中，羅爾斯對這兩個原則進行了某種修正。引人矚目的是，羅爾斯現在把它作爲對以前提出的不同問題的回答。

　　依據羅爾斯的觀點，我們可以把政治哲學的問題分爲四類。政治哲學應當考慮對那些完全服從（fully compliance）和部分服從（partial compliance）的人來說社會基本結構應該是怎麼樣的；政治哲學還應當考慮對那些在相關的道德問題上享有共識或保留分歧的人們來說，社會基本結構應該是怎麼樣。這樣，政治哲學須分別對下列四種社會探究其基本結構應該是怎麼樣的：㉔

	完全服從	部分服從
完全一致 (fully consensus)	1	3
部分一致 (partial consensus)	2	4

　　十分明顯，《正義論》所提供的原則是作為表格中的第一種類型提出來的，是作為在完全一致（或共識）的基礎上由完全服從的公民加以貫徹和履行的正義觀提出來的。換句話說，《正義論》所設計的秩序良好的社會是一個穩定的，在道德信念上相當同質的，對什麼是「好的生活」有一廣泛共識的社會。這一點最明顯地表現在《正義論》第三部分的論證中。用《政治自由主義》中的說法，這種正義觀是所謂的廣泛的（comprehensive或譯為綜合的）哲學理論。由於沒有一種綜合性的理論能夠贏得廣泛的共

識，羅爾斯現在貶低了第一種類型的正義觀。

在下列兩種意義上，羅爾斯認為人是講道理的，第一種意義是，人們普遍地傾向於實行互惠並服從公平的安排；第二種意義是，人們認識到，當理性需要時，並不能排除在綜合性理論上的歧異。例如，如果沒有外在的脅迫力量，即使最講道理的人們也無法在道德和相關的問題上達到完全的共識。

正因為羅爾斯在第一種意義上理解「講道理的」，他主張至少在起點上應該尋求一種完全服從的理論。正因為羅爾斯在第二種意義上理解「講道理的」，他現在認為應該尋求一種部分一致的理論。羅爾斯主張，我們應把政治哲學的注意力集中到第二種類型的理論上，即在部分一致和完全服從的條件下，什麼樣的社會基本結構是最佳的。羅爾斯把這個問題視為政治哲學的自由主義形式的特徵。

如果羅爾斯在《正義論》中試圖將正義

的兩個原則描述爲合適的第一種類型的理
論，那麼在《政治自由主義》中則主張，正
義兩原則是合適的第二種類型的理論。但事
實上，羅爾斯在他的新著中並沒有試圖爲這
樣的主張進行辯護，他所做的是爲遠爲普遍
的自由觀提供支持。正義的自由觀能指定出
某些基本權利、自由和機會，給予它們相對
於總的目標的優先性，並確保它們能被有效
地共享。羅爾斯認爲他的正義兩原則是對自
由主義觀點的「平等主義修正」，但對於平
等主義方面，在《政治自由主義》中談得很
少。這與羅爾斯對政治哲學的新的理解有
關。

羅爾斯認爲，要正確地回答他現在提出
的問題，政治哲學必須分兩步走。首先，政
治哲學必須指定出最好的基本結構，最合適
的正義觀；其次，在完全服從和部分一致的
制度下，政治哲學應當確立這種結構在作爲
目標的社會中是穩定的。

無論在第一階段還是第二階段，羅爾斯

都超越了《正義論》時期的主張。在形成第
一階段的問題時，他特別強調的一點是我們
必須將隱含在民主社會的公共政治文化中的
基本觀念當作出發點。主要的觀念是社會是
公平的合作體系的觀念，人是自由和平等的
觀念以及在秩序良好的社會中，公共的正義
觀有效地調節著人們的生活的觀念。

　　有了這些基本的觀念，第一階段的任務
就變成，作為自由和平等的個體在其中相互
合作的社會的公共調節方式的最合適的正義
觀是什麼。那麼，這個問題如何得到解決？
最合適的正義觀又如何才能得到確定？

　　對此，羅爾斯仍然忠於他最早期的一個
觀念，即反思平衡的觀念。「在這裡，檢驗
的尺度是反思的平衡，在經過正當的檢驗之
後，在所有看來必須考慮的調整與修正都作
過後，看一看整個觀點在多大程度上表達著
我們更為堅定的、深思熟慮的信念」。㉕但他
現在假定，如果一定的原則滿足反思平衡的
尺度，那麼它們必須是對每個人都有效的，

它們就擁有客觀的地位，而這意味著，任何持不同意見者的不同意見原則上都可以透過依據缺乏證據和受到干擾以及諸如此類的原因得到解釋。反思的平衡具有主體間的意義（intersubjective significance）。

儘管具有這樣的意義，反思平衡本身並不是一種獨特的契約論或構造主義的方法，按照羅爾斯的看法，所有的理論都應當滿足反思的平衡。既然這樣，《正義論》的契約論特徵在《政治自由主義》中又是怎樣表現出來的呢？首先，羅爾斯堅持能夠達到反思平衡的政治正義的原則即前面所謂第二種類型的理論，如果能夠做到這一點，它們就能夠被描述爲是合乎道理的討論的產物，是忠於實踐理性的原則的。這種討論則是在堅持關於他們自己和他們的社會之合適觀念的完全自律的公民之間發生的。其次，羅爾斯堅持這樣一種構造的程序是被原初狀態中各方選擇的東西所模擬的。

關於政治哲學的第二階段，即在第一階

段确立的正义的原则是否能在承诺了不同的广泛性道德观点的讲道理的公民组成的社会中成为聚合的稳定之点，罗尔斯的回答是肯定的。首先，这样的原则能对在这种原则下成长起来的人慢慢地灌输正义感；其次，这样的原则能够赢得在讲道理的公民所坚持的广泛性理论间的「重叠一致的支持」。

「一种正义观可能会失败，因为它不能得到持合理的广泛性理论的明事理的公民支持，或是因为它不能得到合理的重叠一致的支持。能够得到这种支持是一种充分的政治正义观的必要条件」。

《政治自由主义》包含了许多抽象的观念，其论证如同《正义论》一样回环往覆，相互缠绕，罗尔斯自己也意识到可能有人会抗议这种大量使用抽象观念的倾向。但他认为更重要的是要弄清我们为什么会被引向这些概念。「在政治哲学中，抽象概念的运作是由深刻的政治冲突决定的」。㉖「当我们共同的协议破裂时，或者当我们内部分裂

時，我們就轉向政治哲學」。㉗

　　羅爾斯認爲，政治哲學並不像有些人想像的那樣遠離社會與世界，它也不聲稱要以自己獨特的，與任何政治思考和實踐的傳統都不同的理性方法去發現眞實的東西，應該說，經歷了《正義論》到《政治自由主義》的發展的羅爾斯，是很好地實踐了他關於政治哲學的基本理念的。

　　「使用抽象的概念不是沒有理由的；不是爲抽象而抽象。相反地，它是當普遍性程度較低的共識破裂時繼續進行公共討論的一種方法，我們將會發現，衝突越深刻，抽象的程度就越高，我們必須提高到這樣的抽象程度上，以便對衝突的根源獲得一明白無誤的觀點」。㉘

　　不消說，闡明衝突的根源恰恰是爲了消弭衝突，尋求共識，也正是在這個意義上，羅爾斯處心積慮地把政治自由主義闡述成一種免除了立場的觀點，爲所謂「迴避的策略」進行辯護。至於這種迴避策略能否眞正

迴避有爭議的許多重大問題。《政治自由主
義》能否實現羅爾斯對政治哲學的自我期
許，則很可能是仁者見仁、智者見智的問題
了。

註釋

①R. Arneson: "Introduction"（to A Symposium on Rawlsian Theory of Justice: Recent Developments），*Ethtics,* 99, pp.695-710.

②S. Luckes: "No Archimedean Point"見於其*Essays in Social Theory,* London, 1978; R. P. Wolf: Understanding Rawls, p.111, Princeton, 1977.

③J. Rawls: "Fairness to Goodness", *Philosophical Review,* 84, p.547.

④J. Rawls: "Kantian Constructivism in Moral Theory", *The Journay of Philosophy,* p.88.

⑤同上，p.518。

⑥同上，p.520。

⑦同上，p.530。

⑧J. Rawls: "The Basic Liberaties And Their Priority". in S. MacMurrin ed., *The Tanner Lectures on Human Values,* p.55, Cambridge.

1982.

⑨同上，p.6。

⑩同註④，p.532。

⑪同上。

⑫J. Rawls: "The Priority of Right and Ideas of the Good", *Philosophy and Public Affairs,* p. 252.

⑬J. Rawls: "The Domain of the Political and Overlapping Consenus", *New York University Law Review,* 64 pp.234-5 .

⑭J. Rawls: "The Idea of Overlapping Con-senus", *Oxford Journal of Legal Studies,* 7, p. 1.

⑮J. Rawls: "Justice as Fairness: Political not Metaphysical", *Philosoply and Public Affairs,* 14 p.230.

⑯同註⑭，p.6。

⑰參見C. Kukathas and P. Pettit: *Rawls,* pp.144-148, Polity Press, 1992。

⑱同註④，p.516。

⑲同註⑮，p.231。

⑳關於羅爾斯晚近思想和實用主義的親和性的闡釋可參見R. Rorty：〈民主先於哲學〉，譯載黃勇編譯：《後哲學文化》，上海譯文出版社，1992。

㉑J. Rawls: *Political Liberalism* , pp.3-4, pp.11-14, p.44, p.28, p.44, p.46, New York, 1993。中譯參見劉軍寧等編《公共論叢》第二輯，三聯書店，1996，p.299。

㉒同上，pp.305-307。

㉓同上，p.331。

㉔參見P. Pettit為*Political Liberalism*所寫的書評，載*The Journal of Philosophy*, 1994。

㉕同註㉑，p.318。

㉖同上，p.331。

㉗同上。

㉘同上，p.332。

第四章
與羅爾斯對話

如果說，從七〇年代到八〇年代，新自由主義內部即以羅爾斯爲代表的左翼自由主義和以諾錫克爲代表的右翼自由主義的爭論占據了當代政治哲學的中心舞台，那麼，從八〇年代至九〇年代，隨著社群主義的崛起和社會批判理念（social critical theory）介入到這一爭論之中，新自由主義、社群主義和批判理論鼎足而三的局面就已經成爲當代社會政治哲學中最爲引人矚目的現象①，其影響之大，使得有人斷言，政治哲學已經取代語言哲學走到了當代西方學術的中心地位。

在瞭解了從《正義論》到《政治自由主義》羅爾斯思想的發展後，我們應當把注意力集中到諾錫克爲代表的右翼自由主義、桑德爾爲代表的社群主義和哈伯瑪斯（J. Habermas）爲代表的批判理論對羅爾斯的批評、論戰和對話上。一方面，社群主義的崛起和批判理論的介入之直接的刺激因素就是自由主義在當代的發展形式即新自由主

義，另一方面，《正義論》後羅爾斯的思想
亦正是在與社群主義、後現代主義和批判理
論的爭論中發展的。可以說，《正義論》發
表後羅爾斯思想的發展是和上述當代社會政
治哲學中鼎足而三的局面的形成相伴隨的，
甚至是一件事情的兩個側面。

一、諾錫克──羅爾斯之爭

　　在當代社會政治哲學的總體態勢中，羅
爾斯、諾錫克和德沃金 (R. Dworkin) 被稱
為所謂新自由主義的主要代表人物。因此，
諾錫克──羅爾斯之爭可謂是家族內部的爭
論，但在某種意義上，這一爭論的尖銳程度
並不亞於社群主義和批判理論與羅爾斯的論
戰，造成這種情形的一個主要原因是自由主
義傳統本身的複雜性。
　　一般來說，自由主義可以被區分為古典

自由主義和現代自由主義。十八世紀和十九世紀早期的古典自由主義主張，國家的唯一功能即是保護作為其成員的公民的某些權利，特別是個人自由權和私有財產權。十九世紀晚期出現的現代自由主義則認為，國家即使以個人自由和財產權利的某種程度的犧牲為代價也應當關心公民的貧困、不良的健康和教育狀況，就是說，相對於古典自由主義在擺脫干涉的意義上理解的消極自由，現代自由主義更多地賦予國家、政府以積極干預的職能。

十分清楚的是，在這樣的區分中，羅爾斯是一位現代自由主義者，這也就不奇怪，對羅爾斯理論的一種重要批判，恰恰是來自像諾錫克那樣的古典自由主義者。這種古典自由主義現在又被稱為激進自由主義或意志自由論 (libertarianism)。在最高程度上，激進自由主義同意支持「最小國家」 (a minimal state) 的主張，「古典自由主義理論的守夜人式的國家，其功能僅限於保護它

所有的公民免遭暴力、偷竊、欺騙之害，並
強制實行契約等。」②之所以說是最高程
度，是因為有些激進自由主義是反對國家的
存在的。支持「最小國家」的激進自由主義
又可以區分為實用的和原則的兩種。

　　所謂實用的激進自由主義之所以為最小
國家辯護，並不是由於他們認為國家要保護
的權利是神聖不可侵犯的，而是由於他們認
為一種體制若將其職能限於保護這些權利將
會帶來其他的好處。例如，海耶克（F. A.
Hayek）主張，只有這種最小的體制才可使
某些利益成為可行，如果我們要滿足人們的
需求，我們就應當賦予國家以較少的功能，
而更多地透過市場去獲得關於這些需求的最
多的訊息。實用的激進自由主義必定反對羅
爾斯的正義論，但他們用來反對的理由往往
是在可行性和效率方面，因此並不是典型的
激進自由主義的反應方式。

　　原則的激進自由主義則將最小國家保護
的權利視為是自然（天賦）的或基本的權

利，這些權利的滿足本身就是好的，而不是由於偶然的理由才是好的，而且這種權利具有最高的重要性，不能因爲任何理由遭到損害，用諾錫克的話來說，「與把權利納入一種目的狀態相對照，人們可以把權利作爲對要採取的行動的邊際約束(side constraints)來看待」③。原則的激進自由主義必然要反對允許再分配從而侵犯個人財產權的羅爾斯的正義論。諾錫克的著作《無政府、國家和烏托邦》 (*Anarchy, State and Utopia,* 1974) 是原則的激進自由主義在當代最有代表性的著作。

作爲一個原則的激進自由主義者，諾錫克認爲如生命、健康以及前面提到過的個人自由、私有財產等權利不但應該受到尊重，而且它們擁有基本的、絕對約束的地位。諾錫克有時也把它稱之爲「道德邊際約束」 (moral side constraint) ，對行爲的邊際約束反映了其根本的康德式原則：個人是目的而不僅僅是手段；他們若非自願，不能夠

被犧牲或被使用來達到其他的目的④。

　　說這種約束是一種絕對約束，是爲了反對所謂權利功利主義，「邊際約束觀點禁止你在追求你的目標時違反這些道德約束，而那種『其目標是最大限度地減少對這些權利的侵犯』的觀點（即功利主義），却允許你違反這些權利（約束），以便減少這一社會中的違反總量」。⑤

　　說權利是基本的就意味著這些權利的滿足本身即是善的，而不是由於這些權利得到了滿足，能使某些獨立的目標得到增進才是好的；這就是說，尊重權利的善不是從任何基本的利益推演出來的，它反映的是我們的道德思考的底線。

　　諾錫克認爲，「對我們可以做些什麼的道德邊際約束，反映了我們的個別存在的事實，說明了沒有任何合乎道德的拉平行爲可以在我們中間發生。我們中的一個生命被其他生命如此凌駕，以達到一種全面的社會利益的事情，絕不是合乎道德的，我們之中的

一些人要為其他人做出犧牲，也絕不能得到
證明」。⑥很顯然，當持這種權利觀的激進
自由主義者在追問什麼樣的社會政治體制是
最好的時，會遇到很大的問題，因為，即使
連守夜人式的國家也要強行徵稅及為了反對
侵略而徵收報復性關稅，這樣，對原則的激
進自由主義來說，首要的問題是要避免無政
府主義。這個問題之所以是尖銳的，是由於
激進自由主義如果要想使它對羅爾斯的理論
的批評是令人感興趣的，就必須對羅爾斯所
想像的那種類型的國家進行批判，而不是對
任何類型的國家進行批判。

　　諾錫克的政治哲學最具有獨創性的方面
就在於他認為激進自由主義可以解決關於無
政府主義的問題。他認為，如果存在洛克式
的自然狀態，從而使得無政府主義者的夢想
得到滿足，最小國家仍將出現。具體地說，
有兩個使最小國家得以出現的條件，一是人
們和他們的代理人以理性自利的方式行動，
二是他們尊重其他人的權利，而不要傷害他

們，或者至少當這樣的傷害出現時，設法進
行補償。

　　諾錫克描述了國家出現的四個階段的理
論。第一個階段出現的是所謂保護性社團，
自然狀態的不方便使得人們形成或加入保護
性機構。諾錫克認為，保護性社團的合法權
利僅是其成員移交給這一社團的個人權利的
總和，團體並不擁有專屬自己的權利，有權
利的只是個人。在第二階段，出現了所謂支
配的保護性社團，這又有三種情況，或者是
兩個機構的實力較量最終將有一個機構贏得
這場較量，或者是一個機構以一個地區為中
心擁有其勢力，而另一個機構以另一個地區
為中心擁有其勢力，或者是兩個機構長期保
持勢均力敵，經常鬥爭而勝敗大致相等。在
這兩個階段，理性的自利將能充分證明人們
將會形成最小國家，「從無政府狀態中，就
產生了某種很類似於一個最小國家的實體，
或者某些地理上明確劃分的最小國家。」⑦
但實際上在前兩個階段出現的制度很難真正

地稱為國家，它顯然並不像一個國家那樣為
其地域內的所有人提供保護，它也不擁有或
者要求擁有對國家是必需的一種使用強力的
獨占權。

在第三階段，保護性機構將懲罰任何對
其委託人使用它發現是不可靠和不公平的行
動程序的人，這樣做的理由在於每個人有權
保護自己或要求他的代理機構保護自己。而
由於社團採用了此一原則，並有力量這樣
做，因而其他人將被禁止對這個保護性社團
的成員採用任何被保護性社團認為是不公平
或不可靠的程序。在第四階段，當洛克式的
自然狀態中的所有潛力都發揮殆盡之後，亦
即所有人們可能達到的自願安排和協議都被
他們試過以後，只有當這些手段的效果都被
評價過之後，可能看清自然狀態中的不方便
之處是否嚴重到需要由國家來醫治的程度，
才能評價這種醫治是否讓疾病更壞。

在經過了這樣四個階段後，出現的就是
某種類型的最小國家。但值得注意的是，諾

錫克所推導出的最小國家又與一般所謂最小
國家有兩點重要的區別。首先，支配性保護
機構的領域，並不擴及非其委託人中間的爭
端；其次，這一支配性的保護機構必須提供
給其獨立者——即所有它根據他們的強行程
度是不可靠或不公平的理由而禁止他們對其
委託人進行自行強助的人——以針對其委託
人的保護性服務。它可能必須向其中某些人
提供其收費少於這些服務價格的服務。「這
個因素和其他因素一起作用，將使逃脫者的
數目減少，推動著幾乎所有人都加入保護性
社團。」⑧

可以說，諾錫克的論證爲某種「準最小
國家」（minmal-quasi-state）提供了證
明，但重要的是要注意到，一般的激進自由
主義者所想像的最小國家並不允許人們在受
護者（或委託人）和獨立者（indepen-
dent）之間進行選擇，沒有人被允許爲了實
行自己的權利而傷害他人，每個人都服從同
一種制度。因此最小國家仍然會觸犯激進自

由主義的約束，它並不尊重激進自由主義者
珍視的權利。

　　撇開這一差別，諾錫克的論證表明儘管
人們會因爲某種財產的持有是由過去的不正
義所造成的而譴責它，但是如果人們滿足於
由洛克式的自然狀態所表徵的機構類型，那
麼他們也同樣樂意接受最小國家的安排。

　　這裡就觸及到了最小國家與羅爾斯所支
持的那種類型的國家差別，簡要地說，最小
國家和羅爾斯的理論所支持的國家（簡稱
「再分配國家」）之最關鍵的差別在於，前
者是由歷史的正義概念而後者是由結構的或
模式化的正義概念指導的。

　　在諾錫克的政治哲學中，存在關於持有
(holdings) 的三個正義原則，一是「獲取
的正義原則」(the principle of justice in
acquisition)，它處理的是人們怎樣逐漸將
尚未持有的東西據爲己有的；二是關於持有
的轉讓的正義原則，它包括人們應怎樣從另
一個財產占有者手中獲取該財產，因此涉及

到人們之間自願交換、相互饋贈或與之相反的欺詐拐騙等「轉讓」形式；第三是關於「對持有的不正義的校正」，它主要關注如何糾正財產持有上的不正義，特別是糾正歷史的原因所造成的既定占有狀況，因而它要求我們有關於不正義事實的充分的歷史性訊息和準確的判斷估計，並使用合理的校正原則。

歷史的正義原則的要害在於：它認為一種給定的財產分配是否正義不是由這種分配的性質而是由財產產生的歷史決定的，當且僅當一種財產的持有在它原初的起點上是正義地獲取的，在它轉讓的每一環節又都是正義地轉讓的，它才是正義的。諾錫克正是以這一原則為基礎對羅爾斯的理論從基本預設和實際涵義兩個層面進行了批判。

在理論的基本預設層面，諾錫克認為，羅爾斯的理論將善（good，好，利益）視為天堂中來的神物，再提出有關它的分配的正義問題，因為從原初狀態的角度看，沒有人

對善有特定的權利（entitlement，或譯爲「資格」）。反之，「物品是帶著人們對它們的種種權利進入世界的。按照持有的正義的歷史權利觀點，那些試圖再去爲『按照每個人的（　）給予每個人』的公式填空的人，就彷彿把物品當作來自烏有之鄉，當作是從虛空中產生的東西。」⑨；「假如事物都是像『嗎哪』一樣從天而降，沒有任何人對其任何部分有特定的權利，且如果不是所有人都同意一種特殊分配就不會有『嗎哪』從天而降，這種東西不知何故依賴於這種分配的話，那麼，下述要求看來就是合理的──要求那些被規定不能透過威脅、拖延而爭取特別大的份額的人們，同意按照差別原則來實行分配。但是，在考慮如何分配人們生產的東西時，這能是一種恰當的模式嗎？有什麼理由認爲存在著不同權利的狀況，會像權利相同的狀況一樣引出同樣的結果呢？」⑩

　　毫無疑問，人們生產物品，或者透過生

產者自願同意而獲取物品，當然是與誰應當
持有財產相關的，但這一點是否對羅爾斯的
理論構成了諾錫克所想像的那種傷害呢？

生產，或者更一般地說，獲取和轉讓的
歷史是與分配的問題相關的，但這一事實對
分配的正義的理論之影響可以有兩種解釋途
徑。諾錫克的理論認為當我們對財產的資格
或所有權進行評價時，問題的本質在於揭示
在什麼樣的條件下獲取和轉讓是正當的。諾
錫克認為，關鍵在於對一個無主物的占有是
否使他人的狀況變壞，滿足洛克的條件即
「還留有足夠的和同樣好的東西給其他人共
有」，就意味著使其他人的情況不致變壞。

但是，還有另一方式可以用來說明獲取
和轉讓的歷史分配的相關性。這種方法透過
對財產資格和所有權的評價來使得「獲取和
轉讓的歷史」與「誰應當占有什麼」的問題
相關。這就是羅爾斯的理論，這種理論允許
人們聲稱他們透過某種方式獲取的那些物品
是他們的，但這要受到兩個條件的限制，一

是透過限定所有權使得財產不會危及到機會
的公平，二是要限制財產權利，使得沒有人
能擁有遠遠超過他人的財產，除非這種擁有
有益於社會合作體系中處境最差的人。

羅爾斯的理論將獲取和轉讓的歷史與分
配問題聯繫起來這一事實弱化了諾錫克的批
評。諾錫克的批評似乎是建立在對羅爾斯理
論的某種巧妙的誤解的基礎上的。事實上，
契約的各方對已經有物主的利益分配的爭
論，並不如「對將要獲取甚至將要生產出來
的好處應如何分配」來得多。根據羅爾斯的
實際模式，契約各方將對分配的公共原則進
行爭論，而在這種原則下，生產和獲取應當
發生。

諾錫克和羅爾斯的衝突其本質在於前者
認爲洛克式的權利是基本的約束，而後者則
否。一旦如諾錫克那樣認爲這些權利是基本
的約束，那就必然會反對原初狀態中的各方
決定支配財產的分配的原則這樣的觀念。羅
爾斯式的程序使得洛克式的權利只有當能透

過由契約論的設計所表徵的檢驗後才能得到
承認和尊重，用羅爾斯的術語來說，就是必
須透過公平的檢驗。

　　從實踐涵義的層面來看，諾錫克認為，
羅爾斯的理論或者任何用來調節社會的結
構、模式化的正義觀，在實踐中必將導致要
求國家持續不斷地干預人們的所作所為這種
難以忍受的後果。諾錫克認為，如果不去不
斷干涉人們的生活，任何目的論原則或模式
化的分配正義原則就都不能持久的實現。

　　但諾錫克在這方面的批評同樣是建立在
對羅爾斯理論的巧妙的誤解之上。羅爾斯的
理論所支持的那種國家，並不如諾錫克指控
的那樣不斷地干涉人們的生活。在法治條件
下，眾所周知的由結構化模式支配的稅收政
策和允許一種制度在一旦機會出現時進行干
涉之間存在巨大的差異，儘管諾錫克實際上
承認羅爾斯所強調的這種差異，但他很快轉
向下面這樣誇張的問題：「但如果在人們可
以把別人自願轉讓給他們的資源保留多久方

面規定一段時間期限，那麼為什麼讓他們把
這些資源保留一段時間呢？為什麼不馬上沒
收充公呢？」⑪但是，這種問題是誤置的。在
羅爾斯的理論中，契約各方將要選擇對社會
進行公共調節的正義觀，十分清楚的是，原
初狀態中的各方不會滿足於國家只是作為當
時機出現時的財務突擊隊。

乍看之下，也許我們會歡迎那種不干涉
經濟生活的國家觀念，但一旦我們發現這種
安排的自由進化將會導致極度令人擔憂的結
果，我們就會覺得自己的殷勤被曲解和濫用
了。

總的來說，諾錫克的理論與羅爾斯的理
論是當代社會政治哲學中新自由主義一派的
兩種不同版本。自由和平等本來就是自由主
義傳統中兩種相互衝突的要素。但是，如同
前一章探討過的，羅爾斯的理論抱負是在自
由主義的兩種傳統之間進行平衡與調和，其
理論帶有強烈的折衷色彩和綜合傾向，而諾
錫克則站在一種極端的所謂「超級自由主

義」的立場上，因此，儘管諾錫克的理論洞
察到了羅爾斯理論的弱點並作了機智的批
評，但總體上難以提供一種可與後者全面抗
衡的社會政治哲學。

二、社群主義的批判

　　社群主義是與自由主義不同的另一種對
於社會秩序的反應方式。

　　自由主義的中心教條是認為一個好的社
會不是由一種特殊的共同目標統治的社會，
而是透過確定一種權利、自由、義務的框架
從而保證人們自己，或是透過自願聯合的方
式去追求他們各不相同的目標。主義的原則
並不預設某一種特定的生活方式是正確的或
更好的。這當然並不意味著自由主義者都是
懷疑論者，而是說，沒有一個人可以將他對
好的生活的觀念強加給他人。從這個意義

上，可以將自由主義看作是對現代世界的多
元主義特徵的一種反應，其原則是在不同的
生活方式之間保持寬容。作爲自由主義特殊
分支（或稱哲學激進主義）的功利主義，則
將追求更高序列的快樂或欲望滿足的善作爲
解決各種衝突的方法；另外的自由主義者則
避免定義第一序列的好，而僅僅贊同消極自
由的好；康德和羅爾斯爲代表的第三種傾向
則試圖完全獨立於好來定義正當。

　　從十九世紀以來，對自由主義觀念的批
評呈愈演愈烈之勢，承盧梭之餘緒的黑格爾
和馬克思是典型的代表人物。他們試圖用有
機的精神性的統一的社會秩序的觀念去取代
自由主義的社會概念。從這個意義上，當代
出現的社群主義對自由主義的批判並不新
鮮，事實上，社群主義確實經常借鏡黑格爾
對於康德的批判，同情馬克思對於自由主義
的批判，甚至出現了從亞里斯多德那裡借用
理論資源的傾向。⑫

　　就對於羅爾斯理論的批評來看，社群主

義認爲羅爾斯與諾錫克一樣執著於推演出能
夠贏得所有理性的人的自願忠誠的社會正義
原則，而不管人們在關於什麼是好的生活的
觀念上有多大的差別。他們所代表的自由主
義所尋求的是能夠用來評估任何社會的社
會、政治制度的普遍的道德標準。但是，實
踐先於理論，道德原則只能理解爲對遍佈在
所有社會中的實踐的解釋。在社群主義看
來，自由主義沒有能夠正確地提出問題，因
此，不但羅爾斯的理論前提，而且其整個事
業都是成問題的。

　　要注意的是，社群主義者並不是只把羅
爾斯而是把所有與他有共同傾向的自由主義
作家當作他們的批判對象的，儘管如桑德爾
這樣的社群主義者將羅爾斯當作主要的對
手，但像華爾澤（M. Walzer）、麥金泰爾
（A. Maintyre）和泰勒（C. Tayor）這樣
著名的社群主義者並沒有把《正義論》當作
他們直接的批判目標。因此，在下面敍述社
群主義對羅爾斯的批判時，以桑德爾的批判

為主，同時吸收其他社群主義者的相關意見。

桑德爾在《自由主義和正義的局限》(*Liberalism and the Limits if Justice,* 1982) 一書中對自由主義的個體自主和權利優先的觀點進行了最系統、最富思辨性的批判。在他看來，羅爾斯的新自由主義的根本特徵仍然是承諾自我是擁有獨立特性的個體，其特性可以與所有社會價值和目標區分開來。原初狀態中的自我是相互冷漠的，而秩序良好的社會應當鼓勵自我發展與他人的社會聯繫，但這並不影響自我存在上的優先性和個人權利的優先地位。所謂秩序良好的社會就在於它能保證個人權利的優先性，社群 (Community，或譯為「共同體」) 只是人的外部條件和環境。

桑德爾認為，羅爾斯在討論自我與社群的關係時區分了「社群的善」的兩種意義。一種是「工具性概念」，合作的主體被假定由自我利益的欲望單獨支配，社群則僅具有

推進個人利益的功能；第二種是桑德爾所謂
「情感的概念」，這種情感性論述主張，在
合作中主體的欲望旣包括利己的方面，也包
括共享的目標。因此，社群的善對羅爾斯來
說不僅包括社會合作帶來的好處，而且包括
由欲望的質量和可以參與合作並在這個過程
中得到發展的情感。

但是桑德爾相信，與工具性概念一樣，
情感性論述旣不能眞實地解決個體與社會的
關係，也不能說明社會合作的眞實基礎。首
先，情感性概念無法說明原初狀態中相互冷
漠的個人怎麼能產生相互聯繫的情感紐帶，
這是由自由主義的錯誤基礎所決定的，自由
主義爲了使個人自由原則獲得絕對優先的地
位，必須堅持關於自我的形而上學觀點。桑
德爾主張，社會聯繫的紐帶不僅是情感問
題，更是一種構成性的力量。個人乃是社會
的個人，脫離了社會的個人無本質可言。社
會因素絕不是被人選擇、追求的附成加分，
也不只是人們情感和欲望的對象，它們還是

人格同一性的構成要素。桑德爾把這種概念稱作「構成性概念」（the constitutive conception），並認為只有這種概念才能為合理的政治學和倫理學奠定理論基礎。

其次，桑德爾認為，羅爾斯所承諾的自我概念是一種空洞的抽象，一種徹底地脫離肉體的（radically disembodied）主體與一種徹底地情境化的（radically situated）主體正相反對，⑬這樣抽象的主體是沒有理性選擇的能力的。如果社會因素只是被選擇和納入的東西，那麼，一旦這些聯繫消失，在它們的空間上將什麼也不存在。而且，「因為羅爾斯的自我被設想為是不能構成品質的不毛之地，擁有的只是後來偶然加上去的東西，所以對於反思的觀察和理解來說自我之中什麼也沒有」⑭，可見，羅爾斯為了捍衛個人權利的普遍性和優先性，排除了自我的所有成分，結果使自我虛無化。用這種虛無作為政治哲學的形而上學基礎，顯然是靠不住的。

　　對這一點，羅爾斯也許會爭辯說，他所做的就是要在極端的徹底的脫離肉體的和徹底的情境化的主體概念之間保持平衡，因此，原初狀態中的個人並不是完全和經驗世界相脫離的，從而他的選擇也並不是任意的選擇。

　　但是，桑德爾認為，問題在於羅爾斯不能成功地找到這種折衷的道路。隱含在最初狀態理論中的對人的解釋事實上是對一種徹底地脫離肉體的主體的解釋，依據桑德爾的解釋，羅爾斯把自我當作「占有（possession）的主體」，自我是其屬性和目標的占有者。但是既然假定最初狀態中的個人（自我）是相互冷漠的，那麼他們如何與屬性和目標從而也在他們之間相互聯繫起來呢？羅爾斯的回答是：透過選擇。而桑德爾恰恰認為這種自我是沒有選擇能力的，這是因為這種自我不能在羅爾斯所賦予的意義上進行反思和深思熟慮。要使羅爾斯的論證能夠成立，必須依賴於互為主體（intersub-

jective) 的自我觀，或用桑德爾的術語，即
「構成性的自我觀」 (constitutive concep-
tion of self)。

桑德爾在批評羅爾斯的理論時尖銳地指
出：「如果說，功利主義沒有嚴肅地對待我
們的獨特性 (distinctness)，那麼，作爲公
平的正義則沒有嚴肅地對待我們的共同性
(commonality)」。⑮這就是說，傳統的功
利主義由於忽略個體及其獨特性從而使得它
們的道德善理論招致了非人格性的目的論的
壞名聲，而羅爾斯的正義即公平論爲了突出
個人的自由權利而不願人們實際享有共同性
和統一性，也只是爲義務論贏得了一場虛假
的勝利。因此，新自由主義無法建立一種
「構成性的社群觀」 (contitutive concep-
tion of community)。

一般來說，強調社區聯繫、環境和傳統
的價值以及共同利益，揭示人格自足的形而
上學虛假性並遏制自由主義帶來的個人主義
的極端發展是社群主義的理論宗旨，正基於

此，麥金泰爾以一種歷史解釋的方式，批判
新自由主義沒有能夠找到正義理論的德性基
礎，並對歷史傳統與個人的關係進行了集中
的論述。

在麥金泰爾看來，人只有存在於一貫的
歷史傳統中，才是一個完整的人。只有借助
於道德傳統，個體才能獲得自我理解的能力
和生活的意義。麥金泰爾把個人生活描繪爲
特殊文化群體的一個敍述系統，這個系統是
由一個傳統故事和神話所傳播的。透過敍述
傳統，一個人在自己的社群生活中選擇和形
成自己的生活計畫，並成爲傳統的一部分。
這就是說，個體或自我的同一性是由置身的
社會和傳統來界定的。

社群主義的另一位重要的代表人物泰勒
早年以研究黑格爾聞名；目前已成爲當代西
方學術領域與羅爾斯、哈伯瑪斯齊名的社會
政治理論大師。泰勒與桑德爾和麥金泰爾一
樣，將自我的人格同一性視作社會構成的產
物，脫離了社會聯繫就易出現病態和反常。

「我並不能孤立地,而只能透過部分公開、部分隱蔽的對話和協商,來發現我的同一性。……我自己的同一性本質上依賴於我與他人的對話關係」。⑯泰勒把羅爾斯、諾錫克為代表的新自由主義稱作「原子論的」政治自由主義,並由此批判由自由形式的過度發展所導致所謂「瀕臨崩潰」 (impending breakdown) 的「現代性的抑鬱病症」 (the malaises) 。這種病症有三種表現形式,即「意義的喪失」或「道德視野的消退」的個人主義,「目標被遮蔽」的工具理性的首要性,以及自由的喪失對我們選擇的嚴重限制。

總體而言,社群主義的理論建構在形而上學即哲學基礎方面,是用社會本原取代自主的個人;在政治哲學方面,是用社團利益取代個人自由的中心位置;在道德哲學方面,是用共同的善取代個人權利的優先性。⑰

社群主義對自由主義的批判是尖銳、深

刻的，但應當看到，這種批判並非無懈可擊，尤其是當我們考慮到後《正義論》時期羅爾斯思想的發展，至少可以說社群主義對羅爾斯的批判是很成問題的，下面以桑德爾的批判爲例加以闡明。

　　首先，桑德爾的批判對羅爾斯並沒有造成他想像中的那種傷害。桑德爾認爲，羅爾斯理論的一個弱點是，它預設存在這樣的社群，這種社群的價值和關懷是隱含在原初狀態中的人的推理之中的。也許在桑德爾寫作《自由主義與正義的局限》這本書時，羅爾斯還願意承認這一點。但在〈杜威講演〉中，羅爾斯明確表示，他的目標不再是提供普遍的正義標準，而是發現對我們自己生長的社會合適的道德原則。相應地，他的理論起點也不再是原初狀態而是遍佈在現代自由民主社會中的道德信念和制度。有意思的是，桑德爾並非不熟悉〈杜威講演〉，這可以從他的反覆引證看出來。但令人困惑的是桑德爾低估或忽視了存在另一種解讀方式能

使我們更好地把握羅爾斯的著作的涵義。

其次，說我的社會語境構成了我的同一性似乎是一種誇張。十分明顯，我是能夠與社群保持一致的，我能夠透過在社群中的位置得到認定。但這並不意味著我的語境就完全定義了我是誰。最大限度只能說，自我是部分地由它的語境及其目標或目的構成的，除此之外，個人自身也能參與到對他的同一性的決定中去。但是，一旦承認由其目標構成的自我也是能夠重構的（如羅爾斯設想的那樣），那麼桑德爾自己的觀點就將很難與羅爾斯的觀點區分開來。

第三，桑德爾從來沒有能夠表明爲什麼「自我」必須政治地創造或構成。說自我的同一性是經驗的產物，這也許是對的，但這並不意味著自我「必然是」政治經驗的產物。在一定程度上自我的特性也受到家庭、鄰居和地區性社團等社會環境的影響，但這些並非政治社群。在政治問題出現之前，同一性已經存在了。無疑地，我們在其中生長

的許多社群都會帶有某種政治承諾，而自由
主義的政治論證則要求我們將這些承諾放在
一邊。因此，這樣的承諾將引導我們進入政
治，但並不能使我們從中解脫出來。採取這
樣的觀點並不要求信奉某種關於人格同一性
或自我本性的不合理論題。

　　最後，桑德爾關於「道德推理的目標不
是判斷而是理解或自我發現」的主張也是不
合理的。當然，我能夠問「我是誰？」這樣
的問題，但自我發現並不能代替關於我如何
度過一生的判斷，或者使我不再提出「我應
當怎麼樣？」、「我該如何行動？」這樣的
問題。

　　因此，儘管阿納森（R. Arneson）把桑
德爾的《自由主義和正義的局限》稱作對羅
爾斯理論的最全面、徹底的批判，⑱也儘管桑
德爾的批判是重要的、有力的，但它並不是
決定性的。當羅爾斯的論證依賴於不確定的
基礎時，桑德爾的分析的預設本身也是成問
題的。

　　社群主義作為一種後自由主義話語，本身是在自由主義高度發達的前提下產生的。一方面，作為一種社會政治哲學的社群主義在自由主義的基礎信念已經成為人們的基本共識的社會情境中難以全面地取代自由主義；另一方面，自由主義和社群主義的相互磨蕩、砥勵也使得他們彼此不斷調整自己的立場，社群主義的某些觀點有時很難和他們攻擊的自由主義區分開來，羅爾斯後期思想發展的某些方面亦似乎有向社群主義靠攏的趨向。這是當代西方社會政治哲學中值得注意的動向，以下我們考察哈伯瑪斯與羅爾斯的對話時，也應當充分注意到這個大背景。

三、哈伯瑪斯與羅爾斯對話

　　羅爾斯和哈伯瑪斯分別是當代美洲和歐洲大陸最有代表性的思想家，同時也是本世

紀七〇年代以來世界上最有影響力的社會政
治理論家。人們可以想像，這兩位當代世界
頂尖的思想家的思想交鋒會是何等的精彩。
但是，分析哲學和大陸哲學之間深刻的分歧
和根深蒂固的偏見推遲了這兩位當代最傑出
的政治理論家的對話。

　　當然，並不是沒有人對羅爾斯和哈伯瑪
斯的理論進行比較研究，無論在德語世界還
是在英美學界，都有人開始做這種工作。⑲但
總體來說，這種探索還處在初步的階段。

　　一九九二年，哈伯瑪斯的法哲學專著
《事實與有效性》（*Faktizität und
Geltung,* Frankfurt: Suhrkamp verlag,
1992；此書英譯本名*Between Facts and
Norms: Contributions to A Discourse
Theory of Law and Democracy,* Cambrid-
ge, Polity Press, 1996）的出版與相隔一年
後羅爾斯的《政治自由主義》的出版，使得
羅爾斯和哈伯瑪斯的比較研究有了新的起
點。十分引人矚目的是，一九九五年三月，

在哥倫比亞大學出版的《哲學雜誌》（*The Journal of Philosophy*）執行主編麥克‧凱利（Michael Kelly）的撮合下，兩人在該雜誌上進行了一場激烈的交鋒，由哈伯瑪斯攻擂，羅爾斯守擂，雙方你來我往，將他們數年來的爭論推上了一個新的起點。下面我們先概述《事實和有效性》的主要思想，再討論兩人在《哲學雜誌》上的爭論。

《事實與有效性》是一本法哲學專著，與哈伯瑪斯的一貫風格相似，此書也有相當篇幅用來與其他的法哲學流派進行對話，包括他與以康德、黑格爾為代表的古典法哲學的對話，亦包括與現代的實證主義法哲學和新自然法學的對話。從基本的立場看，哈伯瑪斯的法哲學是介於西方法哲學的兩種傳統即自然法學和實證主義法學之間的。一方面，法和道德的分化是現代社會的重要特徵；另一方面，現代法又確實與道德密不可分，但一般意義上的現代法所對應的不是某種特定的價值觀，而是某個階段的道德意識

形式或道德判斷的能力。

哈伯瑪斯的法哲學可以看作是其龐大複雜的交往行動理論的延伸，而其主要的理論基礎則是他關於商談倫理學（discourse ethics）的思想。哈伯瑪斯區分了規範和價值，規範和價值的區別在於，對於規範可以提出這樣的要求，即根據其義務論上的有效性而對其進行辯護，而對於價值却不能提出這樣的要求。規範和價值都屬於實踐領域，但它們分別對應於歷來屬於倫理學的兩類問題，一類是道德問題或正義問題，一類是評價問題或倫理的問題。哈伯瑪斯還根據科爾貝格（Lowernce Kohlberg）的道德意識發展理論將社會在規範方面「集體學習」的過程分爲前常規階段、常規階段和後常規階段。⑳

在哈伯瑪斯看來，現代法的基礎是普遍主義的道德原則，如正義、平等、自由、以理由爲基礎的共識等等，哈伯瑪斯把這些原則歸結爲人類交往行動的必然預設。但在

《事實和有效性》中，哈伯瑪斯強調了現代
法與「後常規」層次的道德的區別和互補
性。現代法的涉及範圍是法的社群而不是道
德社群，前者不是超越各社群的全體人類，
而是由分享某種特定的文化傳統和價值觀念
的人們組成的「我們」。並且，法律的辯護
和運用還要考慮法的社群成員的不同利益的
平衡、協調，這樣，法就不僅涉及規範性領
域，而且涉及事實性領域。因此，如果說以
作為普遍的規則和原則的全人類的道德為基
礎 的 政 治 可 稱 為 「共 同 性 政 治」 (com-
monality politics) ，以涉及特定的價值和
善即某個社群的倫理為基礎的政治可稱為
「認同政治」 (identity politics) ，以不同
利益主體之間的利益平衡和協調為基礎的政
治 可 稱 為 「利 益 政 治」 (interest poli-
tics) ，那麼，哈伯瑪斯理想中的立憲民主政
治則是這三種類型的政治的綜合。可以說，
哈伯瑪斯的觀點是設法透過對自由主義和社
群主義的綜合、超越和包含而進一步推進集

體認同的形成過程。

如同我們前面已經分析過的，自由主義
重視超越特定社群的普遍原則，社群主義重
視特定歷史傳統和社群中包含的倫理生活形
式和善的觀念，哈伯瑪斯像自由主義那樣強
調現代法的普遍性向度，像社群主義者那樣
強調法的規範性向度，並進而把重視現代法
的道德向度的觀點（即商談倫理學）與社群
主義所重視的倫理向度（特定社群的自我理
解）和自由主義所重視的實用向度（不同利
益的平衡協調）綜合了起來。㉑凡此種種，使
哈伯瑪斯的《事實與有效性》成為多年來西
方少有的法哲學力作，並引起了廣泛的關
注。

在《哲學雜誌》刊登的哈伯瑪斯的長文
〈透過理性的公共使用達到的一致：評羅爾
斯的《政治自由主義》〉（"Reconciliation
through the public use of reason:
Remarks on John Rawls's *Political Liber-
alism*, 1995"）和羅爾斯的答覆中，兩人圍繞

政治自由主義的核心概念即正義這個根本問題展開了辯論。

哈伯瑪斯認爲，羅爾斯在《政治自由主義》中強調「正義即公平」理論的政治性乃是來自對社會的尤其是意識形態的多元事實感到不安的刺激。羅爾斯的工作分爲三個步驟：一是闡明公平合作的條件即說明爲什麼原初狀態中虛擬的各方會選擇正義兩原則；二是闡明這種正義觀能夠爲多元社會的重疊一致或交叉共識所支持；三是概述可從正義兩原則推出的憲政國家的基本權利和原則。相應地，哈伯瑪斯的批評也分爲三點：一是懷疑最初狀態設計的各個方面是否都有助於澄清和保證人們選擇公平的正義，也即關於正義原則的證明問題；二是懷疑羅爾斯沒有明確區分證明的問題和接受的問題，這就是說，哈伯瑪斯認爲羅爾斯獲得正義觀的中立性是以放棄政治正義中應當包含的眞理觀念爲代價的。三是認爲羅爾斯的結論產生於那使自由主義的基本權利優先於民主的合法性

原則的憲政理論，從而羅爾斯沒有達到使古
代自由與現代自由和諧的目標。

　　羅爾斯則認為，哈伯瑪斯的理論與他的
理論主要有兩點區別㉒：其一是哈伯瑪斯的
理論是所謂廣泛的或綜合的理論，而他的政
治自由主義只是政治的；其二是在作為一種
基本的論證方式的設計中，哈伯瑪斯用的是
「理想的言談情境」，這是與哈伯瑪斯對哲
學應去澄清道德觀念與民主的合法性程序、
分析合理言談、談判的條件的重建式而非建
構式觀念相適應的；而羅爾斯仍然認為最初
狀態的設計作為對正義原則的證明方法更為
可取。下面就圍繞政治概念還是綜合概念以
及正義的證明問題，具體介紹一下這一爭
論。

　　關於政治的正義的概念，羅爾斯列舉了
三個特徵：

　　(1)正義應用於一個基本的社會結構，由
　　　一個社會的主要政治、經濟和社會制

度所組成。

(2)正義不依賴於任何綜合性學說，但獲
得後者的交叉共識的支持。

(3)正義的基本觀念屬於政治的範疇，爲
大衆政治文化所熟悉。

羅爾斯把這種正義觀稱作「免除了立
場」的正義觀。這就是說，作爲政治概念，
正義即公平的目標是現實的，而不是形而上
學的或認識論的，不是以包含眞理的概念出
現的。在羅爾斯看來，哈伯瑪斯的概念正與
此相反，是一個綜合概念，因爲哈伯瑪斯認
爲交往理性的三大準則之一便是眞理，不但
要規定正義的一般涵義，而且要規定正義的
眞理性。

哈伯瑪斯則集中批評了羅爾斯認爲正義
觀可以「免除立場」的觀點。在哈伯瑪斯看
來，羅爾斯的觀點事實上已經表明正義與眞
理是不可分的。這是因爲羅爾斯認爲正義可
以從一個社會成員的重要共識中實現「自我

固定」，即不需依賴於哲學本體論或終極眞
理的支持。但哈伯瑪斯認爲交叉共識只是證
明夠格的理論的內在價值，但並未給這種理
論或概念增加什麼。這就是說羅爾斯沒有在
理論的可接受性和該理論實際被接受之間作
出區別，而一旦作出這種區別，便可發現一
個社會的成員首先要被一個關於正義的理論
所說服，然後才會同意之。因此，關於正義
的理論自身要提供這樣一些前提，即「我們
與其他人認爲它是含有眞理的，或它對於我
們形成有關正義的基本共識來說是合理
的。」㉓

　　關於羅爾斯用「合理的」代替「眞
的」，哈伯瑪斯認爲「合理的」一詞可以有
兩種涵義：一是對於實踐理性來說是合理
的，這實際即是「道德上的眞」，而這與眞
理一詞是對等的；二是「深思熟慮的」，儘
管這樣理解接近羅爾斯使用「合理的」的涵
義，但哈伯瑪斯強調思考是人的思考，而人
的概念本身已經包含實踐理性的概念。因

此，哈伯瑪斯堅持認為無論羅爾斯如何解
析，都不能脫離道德真理來講合理性。

正義原則的證明是哈伯瑪斯和羅爾斯辯
論的另一個重要問題。在《正義論》中，羅
爾斯強調，他的證明方法是對證明社會正義
原則的契約論方法的發展，這具體是透過對
原初狀態的設計以及正義原則的選擇得到說
明的。從《正義論》整個體系來看，羅爾斯
把所採用的理性證明方法稱作「反思的平
衡」方法，這就是說，羅爾斯把正義論看作
是描述人們的正義感的嘗試，但對正義感的
正確解釋，肯定要涉及原則和理論結構，需
要建立一種理論框架，也就是要求概括出一
種包含有普遍原則的正義論體系。反思的平
衡要求在「正義即公平」理論透過被原初狀
態的人依據契約論據一致選擇後，還必須把
它與人們的日常正義準則相對照，看能否達
成一致，在這種對照中或者修改原則，或者
糾正判斷，證明是許多思考的互相支持，是
所有因素的協調一致，這就是羅爾斯所謂

「反思的平衡」的過程。

　　從《正義論》到〈杜威講演〉，羅爾斯
還一直試圖對他的平等自由的正義觀進行一
種康德式的解釋，這個解釋建立在康德倫理
學的自律概念之上。羅爾斯認爲，原初狀態
中相互冷淡的動機假設是符合康德的自律概
念的，在不管我們的具體目的是什麼，正義
原則都適用於我們的意義上，按照正義原則
行動也就是按照絕對命令行動。但是，在從
〈杜威講演〉到《政治自由主義》的發展
中，羅爾斯放棄了對正義即公平的康德式解
釋，認爲政治自由主義所致力於發現的並不
是普遍的正義原則，而是適合像美國這樣的
自由民主社會的原則，政治哲學的目標則是
要表達和澄清潛在於我們的公共政治文化中
的爲我們所共享的觀念，從而提供一種能夠
維持穩定和社會統一的政治的正義觀。但羅
爾斯仍然沒有放棄原初狀態的設計和反思的
平衡的方法。一方面，「原初狀態」是除
「良序社會」和「道德人格」之外的第三個

中介性模型觀念，而具有主體間意義的反思
的平衡仍然是值得信奉的。

尤為值得注意的是，在《政治自由主
義》中，羅爾斯試圖透過引入「交叉共識」
的觀念重新解釋現代民主社會中文化價值的
合理多元和社會秩序的穩定統一之間的協調
一致。在這過程中羅爾斯強調正義不依賴於
真理概念，其用意亦在於對各種綜合性學說
保持中立，並為社會多元取向提供理據。

哈伯瑪斯指出，羅爾斯的這些論證也許
很符合人們的直覺，但難以與羅爾斯的正義
理論關於人的權利是第一位的，善是第二位
的基本觀點協調一致，這是因為所謂權利就
意味著尊重每個人的想法，而這又意味著，
如果正義即公平是合理的，那就意味著對所
有人都是合理的，這便要求所有人對什麼是
「合理的」有一個普遍的或綜合的瞭解。所
謂綜合的或廣泛的學說的意義即在於為我們
提供這樣一種認識和瞭解。如果我們把正義
概念的合理性看作與普遍真理相脫離的，便

無法證明其正確性，而證明正確就要求判斷
其真理性。因此，哈伯瑪斯認為，政治自由
主義或政治的正義觀並不能如羅爾斯標榜的
那樣免除立場、自我固定並使其自身合法
化。

　　在《哲學雜誌》刊登的答覆中，羅爾斯
指出，哈伯瑪斯對交叉共識與政治的正義觀
的自我固定問題提出的質疑和批評可歸結為
兩個問題㉔，一是交叉共識對於正義的證明
究竟有何貢獻？二是「合理的」是指政治和
道德判斷的正確性，還是僅僅指一種對世事
的開明而寬容的態度？這兩個問題又是相互
聯繫的，羅爾斯透過對政治自由主義所作出
的三種證明和兩種意義上的交叉共識的闡述
對此作出了具體的說明。

　　羅爾斯認為，在自由民主社會，政治概
念存在三種不同層次的證明㉕：一是有限證
明。如果說正義原則表達了自由民主社會的
基本結構的實質性內容，那麼，公共理性則
是這一社會中的公民們決定這一實質性原則

是否適當，是否能滿足他們的社會政治要求
的理性推理規則和公共「質詢指南」（the
guidelines inquiry）。從這一角度作出的證
明便是一種有限證明。二是完全證明，每一
個社會成員作為公民接受一種政治觀念，然
後從他（或她）自己信仰的綜合性學說去證
明該觀念是眞的或合理的，這又取決於該社
會成員自己及其所信仰的綜合學說能做到何
種程度。三是公開的證明，在這裡，合理的
交叉共識是溝通的橋樑，一個政治社會的所
有理性的公民透過把他們各自分享的政治觀
念嵌入到各自所信奉的綜合性學說中去，並
同時意識到各自均有合理的綜合性學說贊同
這一共享的政治觀念；只有當存在合理的交
叉共識時，公開的證明才有可能，而公開的
證明則是一個多元分化的社會接受政治的正
義觀的關鍵性條件。

　　羅爾斯所謂合理的交叉共識是指人們對
於免除了立場的正義觀的共識，而不是一般
政治家們所承認的社會上實際存在的對共同

利益的共識。在此基礎上，羅爾斯指出，合理的交叉共識對於正義的證明不僅是一個政治社會出於良好理由而自我固定的根源，而且是政治合法性的根源。而政治的自由主義並不要求政治判斷包含道德眞理，而只要求合理的政治判斷。「合理的」意指：願意提議並接受公平的社會合作條件，並且願意承擔判斷的任務，並接受由此產生的後果，所以「合理的」並不總指「眞的」。政治自由主義既不否認道德眞的概念，也不對使用它提出質疑，而認爲使用或否認道德眞理、宗教眞理和哲學眞理是綜合學說的事情。正因此，政治自由主義是所謂「免除了立場」的觀點。

總的來說，可以把羅爾斯和哈伯瑪斯的理論看作是對當代社會的合理的多元分化和人們在基本的宗教、道德和哲學眞理方面的深刻分歧的兩種不同的反應方式。羅爾斯在後《正義論》時期的發展中，回應了激進自由主義和社群主義的挑戰，調整了自己的理

論立場，並透過把他的政治哲學與以杜威爲
代表的美國傳統的實用主義哲學聯繫起來，
試圖系統地表達和詮釋潛在於自由民主社會
的公共政治文化中的基本價值理念，爲一個
穩定統一的社會提供支持；哈伯瑪斯則透過
他的交往行動理論和商談論理學，實現了從
意識哲學向交往哲學的轉移，深刻地回應了
後現代主義（在一定程度上也包括社群主
義）對啓蒙運動這一現代性計畫的質疑，出
色地捍衛了啓蒙運動包含的基本價值理念。
從這一角度來看，儘管哈伯瑪斯和羅爾斯在
正義觀念及其證明方法上存在很大的分歧，
但其基本的價值關懷則是相通的。正是在這
個意義上，哈伯瑪斯把他與羅爾斯的爭論稱
作「家族內部的爭論」。㉖

註釋

①這方面的綜述性文獻可參見：M. Kelly　(ed.)：
　Hermeneutics and Critical Theory in Ethics
　and Politics, Cambridge: Mit Press; K, Baynes:
　The Normative Ground of Social Criticism:
　Kant Rawls and Habermas, New York: 1992;
　G. Warnke: *Justice and Interpretation*, Polity
　Press, 1992.

②R. Nozick: *Anarchy, State and Utopia*, p.26，譯
　文參照何懷宏等譯：《無政府、國家與烏托邦》，
　中國社會科學出版社，1991。

③同上，p.29。

④同上，p.31。

⑤同上，p.29。

⑥同上，p.33。

⑦同上，pp.16-17。

⑧同上，p.113。

⑨同上，p.160。

⑩同上，p.198。

⑪同上，p.163。

⑫參見Seyla Benhabib: "In the Shadow of Aristole and Hegel"，收於前及M. Kelly所編的文集。

⑬M. Sandel: *Liberalism and the Limits of Justice*, p.2. Cambridge, 1982.

⑭同上，pp.160–161。

⑮同上，p.174。

⑯C. Tayor: *The Ethics of Authenticity*, Cambridge : Havard University Press, pp.47-48, 1991.

⑰參見韓震：《公共社團主義的興起及其理論》，載《中國社會科學》，1995，第二期；萬俊人：《美國當代社會倫理學的新發展》，載《中國社會科學》，1995，第三期。

⑱參見R. Arneson: "Intorduction" (to a Symposium on Rawls's *Theory of Justice:* Recent Development)，*Ethics*, 99, 695-710.

⑲除註①所及著作外，尚可參見Sely Benhabib: *Critique, Norm, and Utopia* (New York: 1988) ;

Rainer Forst: *Kontexte der Gerechtigkeit* (Frankfurt, 1993) ; Thom as MacCarthy: *Kantian Constructivism and Reconstructivism : Rawls and Habermas in Dialogue.*

⑳參見薛華：《哈伯瑪斯的商談倫理學》，pp.24-27, pp.43-47，遼寧教育出版社，1988。

㉑對《事實與有效性》的概述參見童世駿：〈填補空區：從「人學」到「法學」〉，載《中國書評》，總第二期，1994，香港。

㉒J. Rawls: "Reply to Habermas", in *The Journay of Philosophy*, Vol. Xcll, No.3, 1995.

㉓J. Habermas: "Reconciliation through the public use of Reason: Remarks on John Rawls's Political Liberalism", in *The Journal of Philosophy*, Vol. X cll, No.3, 1995.

㉔同註㉒。

㉕同上。

㉖同註㉓。

參考書目

英文部分

1. J. Rawls: *A Theory of Justice*. Havard, 1971.

2. J. Rawls: "Kantion Constructivism in Moral Theory", In *The Journal of Philosophy*, 88, pp.515-72.

3. J. Rawls: *Political Liberalism*, New York, 1993 .

4. J. Rawls: "Reply to Habermas", in *The Journay of Philosophy*, Vol. Xcll, No.3, 1995.

5. R. Nozick: *Anarchy, State and Utopia*, New York: 1974.

6. M. Sandel: *Liberalism and the Limits*

of Justice, Cambridge, 1982.

7. J. Habermas: "Reconcilation through the Public Use of Reaon: Remarks' on John Rawls's *Political Liberalism*", in *The Journay of Philosophy*, Vol. Xcll, No.3, 1995.

8. N. Daniels (ed.) : *Reading Rawls*, Oxford, 1978.

9. C. Kukathas and P. Pettit: *Rawls*, Polity Press, 1990.

10.P. Pettit: "Review of Political Liberalism", in *The Journay of Philosophy*, 1994.

中文部分

1. 羅爾斯：《正義論》，中國社會科學出版社，1988。

2. 羅爾斯：《正義論》，上海譯文出版社，1991。

3. 羅爾斯：《自由與正義》，譯載《公共論叢》

第二輯，三聯書店，1996。

4. 諾齊（錫）克：《無政府、國家與烏托邦》，
   中國社會科學出版社，1991。

5. 洛克：《政府論》下篇，商務印書館，1983。

6. 盧梭：《社會契約論》，商務印書館，1980。

7. 康德：《歷史理性批判文集》，商務印書館，
   1990。

8. 康德：《法的形而上學原理》，商務印書館，
   1991。

9. 穆（彌）勒：《功用主義》，商務印書館，
   1957。

10. 西季維克：《倫理學方法》，中國社會科學出
    版社，1993。

11. 摩爾：《倫理學原理》，商務印書館，1983。

12. 柏林：《自由四論》，聯經出版事業公司，
    1986。

13. 趙敦華：《勞斯的「正義論」解說》，香港三
    聯書店，1988。

14. 蕭陽：《羅爾斯的「正義論」及其中譯》，載
    《哲學評論》，第一輯，社會科學文獻出版

社，1993。

15.何懷宏：《契約倫理與社會正義》，中國人民
大學出版社，1993。

16.何懷宏：《關於"civil disobedience"的翻
譯》，載《中國書評》，總第二期，香港。

哈伯瑪斯
Jürgen Habermas

當代德國開創性的哲學流派，分屬以弗萊堡大學為中心的「現象學運動」，以及以法蘭克福大學為中心的「批判理論」，其中又以哈伯瑪斯最為活躍。他不遺餘力的介入種種的學術論戰，由其中形成自己的體系性思考，彷彿想經由這種方式去操練批判理論的題旨，並藉此考驗自己理論的適切性。「溝通行動」可以說是哈伯瑪斯個人的哲學標誌，也可視為是二十世紀歐美哲學的總結。

當代大師系列 11　作者：曾慶豹
定價：200 元

紀登士

Anthony Giddens

　　這是一本介紹英國著名社會學者紀
登士（Anthony Giddens）理論的專書。
從紀氏所創的「結構—行動理論」
（structuration theory）開始，進入歐洲
社會歷史的分析，並且加入其他學者對
紀氏研究成果的批判。對台灣讀者而言，
是接觸紀登士理論的最佳入門書之一。

當代大師系列 13　作者：胡正光

定價：200元

班傑明
Walter Benjamin

　　班傑明給人的印象總是如此的神祕莫測，多少人想要一探其思想的究竟皆未能成功；儘管如此，本書作者秉於學術的熱情與執著，仍大膽地從事這一學術歷險，從「寓言式批評理論」、「藝術生產理論」、「機械複製理論」、「反諷的烏托邦理論」四個面向來分析並總結其學術生涯發展的各個階段，為任何想要瞭解班傑明，但又苦於其著作艱澀的讀者，提供了最佳的指引。

當代大師系列 12　作者：陳學明
定價：150 元

史碧娃克
Spivak

　　自七〇年代中期以來，史碧娃克一
直以解構主義為理論武器堅持不懈地從
事女權主義、馬克思主義和後殖民主義
的批評研究，試圖在西方眾多宏大話語
的夾縫中尋找和確定「少數者話語」的
主題及其應有位置。她的第三世界女學
者的「異質」身分，她多元的批評立場
和理論視野，她銳利的批判鋒芒和活力，
以及她同時駕馭多種批評話語的非凡才
能，無不使她成為當代大師行列中的一
個特殊人物。

當代大師系列 14　作者：曹莉

定價：150 元

羅爾斯　　　　　　　當代大師系列 15

著　　　者／應奇
編輯委員／李英明、孟樊、陳學明、龍協濤、楊大春
出 版 者／生智文化事業有限公司
發 行 人／林新倫
執行編輯／鄭美珠
登 記 證／局版北市業字第 677 號
地　　　址／台北市文山區溪洲街 67 號地下樓
電　　　話／(02)2366-0309　2366-0313
傳　　　真／(02)2366-0310
E - m a i l ／ufx0309@ms13.hinet.net
印　　　刷／科樂印刷事業股份有限公司
法律顧問／北辰著作權事務所　蕭雄淋律師
初版一刷／1999 年 2 月
定　　　價／新台幣 200 元
郵政劃撥／14534976
I S B N ／957-8637-81-0

北區總經銷／揚智文化事業股份有限公司
地　　　址／台北市新生南路三段 88 號 5 樓之 6
電　　　話／(02)2366-0309　2366-0313
傳　　　真／(02)2366-0310
南區總經銷／昱泓圖書有限公司
地　　　址／嘉義市通化四街 45 號
電　　　話／(05)231-1949　231-1572
傳　　　真／(05)231-1002

國家圖書館出版品預行編目資料

羅爾斯 ＝John B. Rawls／ 應奇著. --初版.
-- 台北市：生智, 1999 [民 88]
　面 ；　公分. --（當代大師系列；15）
參考書目：面
ISBN　957-8637-81-0（平裝）

1. 羅爾斯（Rawls, John, 1921- ）- 學
術思想 - 哲學 2. 羅爾斯（Rawls,
John, 1921- ）- 學術思想 - 政治 3.
政治 - 哲學, 原理 - 西洋

570.9408　　　　　　　　　87016777